EVERIGHT BOOK 永正图书 

带团队

关键岗位用对人

姜得祺 著

北京日报报业集团
同心出版社

图书在版编目（CIP）数据

带团队：关键岗位用对人 / 姜得祺著 .
北京：同心出版社，2015.6
ISBN 978-7-5477-1545-1

Ⅰ . ①带… Ⅱ . ①姜… Ⅲ . ①人才管理学
Ⅳ . ① C962

中国版本图书馆 CIP 数据核字（2015）第 083833 号

带团队：关键岗位用对人

出版发行：同心出版社
地　　址：北京市东城区东单三条 8-16 号 东方广场东配楼四层
邮　　编：100005
电　　话：发行部：（010）65255876
　　　　　总编室：（010）65252135-8043
网　　址：www.beijingtongxin.com
印　　刷：东莞市信誉印刷有限公司
经　　销：各地新华书店
版　　次：2015 年 7 月第 1 版
　　　　　2015 年 7 月第 1 次印刷
开　　本：787 毫米 × 1092 毫米　1/16
印　　张：16.5
字　　数：200 千字
定　　价：35.00 元

无法掌控的关系，只能是你前进的牢笼。

无法驾驭的领导力，只能是你成功的枷锁。

也许你从来都不知道，很多人脉关系一直都被忽视甚至浪费。

这是一部教你处理人际关系、提高领导力的书，让你的事业从此风生水起。

企业需要“以一当十、一马当先”的员工，

更需要“以十当一、万马奔腾”的团队！

你会选择那些拥有耀眼的光环和丰富的履历的文武全才；还是会选择那些有内在动力的，对自己有预期、有想法、有潜质的人？

看一遍：幡然而悟；

看两遍：管理大有进步；

看三遍：迅速带出企业尖刀团队。

他们这么说：

真正的领导力不是看你多有激情、魄力，而是看你是否有多元、均衡的能力。9 种最重要的领导力：1. 愿景比管控更重要；2. 信念比指标更重要；3. 人才比战略更重要；4. 团队比个人更重要；5. 授权比命令更重要；6. 平等比权威更重要；7. 均衡比魄力更重要；8. 理智比激情更重要；9. 真诚比体面更重要。

——李开复

加入你能用行动激发他人梦想得更多、学习更多、做更多事或者成为更伟大的人，你就是一个领导者。

——约翰・昆西・亚当斯

带团队做好这 8 条：1. 授人以鱼：给员工养家糊口的钱；2. 授人以渔：教会员工做事情的方法和思路；3. 授人以欲：激发员工上进的欲望，让员工树立自己的目标；4. 授人以娱：把快乐带到工作中，让员工获得幸福；5. 授人以愚：告诉团队做事情扎实、稳重，大智若愚，不可走捷径和投机取巧；6. 授人以遇：给予创造团队成长、学习、发展的机遇，成就人生；7. 授人以誉：帮助团队成员获得精神层面的赞誉，为成为更有价值的人而战；8. 授人以宇：上升到灵魂层次，顿悟宇宙运行智慧，乐享不惑人生。

——马云

前言 INTRODUCTION 送给每一位带团队的老大!

我在为很多企业咨询的过程中发现：这些企业几乎都面临着一个共同的问题——企业成本在逐年增加，可带领团队的难度却越来越大。这个问题不仅仅表现在中小企业中，甚至连荣列世界500强的企业也不可避免。

如今，越来越多的90后走进企业，有的已经成为了企业的中坚力量，他们个性鲜明，能力出众，为人处世都与以往的80后、70后群体有着本质的区别，这就要求在管理方法上也要进行相应的调整。如果一味地用传统的方法去管理这个年轻团队，不仅不能为企业创造效益，还有可能会浪费企业资源，间接增加企业的成本。所以，如何用更有效的管理方法，去管理并带领这个新时代的团队，成为企业家要面临的最大问题。

而我们大多数管理者都清楚，人是构成一个企业的最基础的要素，带好一个团队则是对一个优秀管理者的最基本的要求。“管人”或者说带领团队是否成功对于一家企业来说至关重要。带好了团队，所有人便成了企业的重要资源；带不好团队，人便成了企业的祸乱之源。让团队成员之间团结互助减少内耗，这便是提高企业效率的最好手段。

从管理学的“80~20”原理来看，那些为一个企业创造了80%以上的财富和利润的人，都是企业的灵魂和骨干核心，而这些人恰恰占到企业总人数的20%~30%，同样，他们也是恰好处于一个企业关键岗位的那些人。

所以，对于如何有效地带好一个优秀团队，其中最好的一个方法就是——“关键岗位”“用对人”。

既然我们强调“关键岗位用对人”，那么，如何定位关键岗位？又如何才能用对人呢?

对于关键岗位这个概念，也许会让很多领导者感到迷茫，因为在他们看来，自己的企业发展离不开任何一个部门的极力配合，可以说每个部门、每个岗位都是关键岗位。可事实上，任何事物都有轻重之分，都有重要部分和次要部分。同样，在一个企业中，也会有关键岗位和次要岗位。所以，我们必须搞懂哪些是关键岗位。只有真正搞清楚了，才有助于加强关键岗位人员的培养，促进关键岗位人员能力的提升，才能真正加强企业竞争力，为企业获取最大利润。

例如：如果是生产型为主的企业，那么生产岗位就是企业的关键岗位；如果是销售型为主的企业，那么销售岗位就是关键岗位；如果是服务型的企业，那么服务岗位就是关键岗位……当然，一个企业的发展，离不开研发、生产、销售等多个环节、部门的高效协作。但是如果对于岗位的配置毫无主次，不知轻重，眉毛胡子一把抓，最终导致的结果可能就是捡了芝麻丢了西瓜，得不偿失。只有明确关键岗位，集中精力投资建设，才能真正意义上壮大一个企业。

既然关键岗位的人才如此重要，那么如何在关键岗位留住人呢？如何让每一个人在团队中起到“一夫当关、万夫莫开”的效果呢？这就要考量作为一个企业领导的个人能力了。作为一个优秀团队的领导，不仅仅要德才兼备就够的，还要充分发挥作为一个团队核心的影响力，去吸引更多的优秀人才在关键岗位上发挥他们各自的能力。作为一个优秀团队的领导，不仅要懂得如何识人，更要懂得如何用人、识人，以及让每一个员工都能全面发挥自身的才智和能力，高度融入到所处的团队中来，互相竞争、鼓励、合作，充分发挥团队精神，为企业的发展增加助力。

优秀的团队需要优秀的人才，优秀的人才需要引进。但每个领导者都清楚，并不是所有的优秀人才都是可以用高待遇、高福利吸引来的。那如何才能让自己企业的关键岗位都能匹配到适合的优秀人才呢？

其实，优秀人才都是免费的。而合理地使用人才，也恰恰是领导者用人之道的中心环节。只要掌握了正确的识人、用人方法，想让自己的员工变得优秀，也不是什么难事。例如，很多企业家为了保证关键岗位上有大量的人才，在企业管理制度中做了很多明确规定，目的就是通过完善的制度为人才能力的发挥保驾护航。在这种制度之下，员工才能真正实现自己的价值，才能最大限度地发挥自己的聪明才智，为企业创造更大的价值。而一些优秀的企业不定期对员工进行培训，目的就是让员工了解企业文化，完全融入到企业之中，这样不但可以增强员工的业务能力，也可以提升员工的归属感。

在为企业做咨询的过程中还遇到一个问题，那就是只要某一个员工在自己的工作岗位上干不出成绩就被老板开掉，其实这种做法不利于企业文化的沉淀，更不利于留下真正的人才。有句古话说得好：人尽其才。说的就是让最合适的人干最合适的事情。所以，一个员工在当前的岗位没有干出业绩并不意味着他没有能力，那就不妨在企业内部给他重新调换一个能够充分发挥他个人能力的岗位，也许他就会给所有人带来不一样的惊喜。想要做到这点，就需要在企业内部为自己的员工设置好“槽”，然后鼓励，让员工跳到最适合自己的“槽”。这种企业人员的内部“跳槽”不仅节省了人力资源，而且有利于企业内部机密的不外泄，可谓一箭双雕。值得注意的是，在设置“槽”的时候，一定让这个“槽”能够尽显优势，如果每个岗位都平淡没有特色，那么任何一个员工都能难以发挥自己的特色和能力。

当然，任何事物都没有完美，团队也一样。对于如何带领好一个优秀团队，只解决了上述问题还远远不够，还要充分发挥作为团队领导的个人影响力，积极调整工作的思路和方法，让整个团队处在一个良好和谐的环境中，才是管理的最佳境界。只有如此，才能够将优秀的人才吸引到自己的团队中来，才能让最合适的人奋斗在最关键的岗位。无数的领导者用他们的经历告诉我们一个真理：团队没有完美，只有和谐。一个优秀的团队，不仅要有一致的团队目标，还要互相信任和理解，能够认同和融入共同的企业文化，同时以大局为重，不计较个人利益，将个人的追求带入到团队的总体目标中去，从自发的遵守到自觉的培养，最终实现团队的最佳整体效益。

CONTENTS

目 录

Part 1 将帅无能，累死三军

做出色的领导者，让下属心甘情愿追随你 / 2
用好一人，胜过指挥千军 / 6
打造统一团队，让“1+1 > 2” / 10
没有规矩，不成方圆 / 16
让员工参与，让企业得利 / 20
依靠共同的使命来驱动行动 / 25

Part 2 关键岗位原则：不可或缺

关键岗位决定了企业发展的命脉 / 30
关键岗位一定要留得住人 / 34
忠诚度是胜任关键岗位的第一要素 / 38
每一天的努力，只为目标而奋斗 / 44
预警机制，降低关键岗位的风险 / 48
关键岗位的员工一定要有正能量 / 51

Part 3 关键岗位要有“自己人”

没有绝对服从就没有强大的团队 / 56
用心去执行，将工作干到极致 / 61
同频的目标，成为前进的动力 / 65
关键时刻，能够为了企业赴汤蹈火 / 69
全局意识，危机意识，才能成就大企业 / 73
你会管理好“自己人”吗？ / 77

Part 4 打造个人品牌，让自己成为吸引人才的磁铁

以权压人不如以德服人 / 82
让自己成为最靠谱的关键人 / 85
做一个有担当的领导者 / 88
你得有令下属佩服的实力 / 92
用良好的品质赢得下属的支持 / 95
修炼自己沉静内敛的自制力 / 99

Part 5 打造上下一心的高效团队

没有决策力的领导难以成功 / 104
懂得授权，让团队群飞 / 110
提升心理强度，打造坚韧领导力 / 114
以身作则，不要让制度绕着自己走 / 117
强烈成功欲望，让你的团队更容易成功 / 120
你的激情是点燃下属的驱动力 / 123

Part 6 让别人能够心甘情愿地为你效力

情感投资，关键是细微之处 / 128
做下属情绪发泄的“垃圾桶” / 133
巧用他人的过错收服人心 / 137
任何时候不要吝啬你的赞美 / 140
如果你是员工你希望你的老板怎么做？ / 144
每一位员工都值得尊重 / 148

Part 7 搭建互动平台，让对的人往对的“槽”跳

给人才机会让其尽情展示自己 / 154
轮岗制度，把合适的人放到合适的位置 / 158
设置你的好“槽”，让“槽”尽显优势 / 162
企业家应为员工搭建“跳槽”通道 / 166
企业内部之间“跳槽”需要注意的问题 / 170
拯救那些跳错“槽”的员工 / 174

Part 8 让人才踏踏实实地去工作

完善制度才能为团队保驾护航 / 180
制度千万不可生搬硬套 / 184
健全的薪酬体系凸显人性 / 188
避免独裁的管理方式 / 193
秉持合作的理念，认可员工的价值 / 197

Part 9 让你团队每个人不断增值，你才能不断升值

员工的价值就是你的价值 / 202
不学习这个世界上就没有人才 / 206
为你的人才发展扫清道路 / 209
人才“维护保养”需要技巧 / 213
帮助员工发现和挖掘潜能 / 217

Part 10 没有完美团队，只有和谐团队

和谐是一种发展观 / 222
很多时候，人性比制度更重要 / 225
和谐团队应以安人为目的 / 229
尊重每个员工的差异性 / 234
用全局观化解一切矛盾和分歧 / 238
和谐才能达到企业与员工的双赢 / 242

PART 1

将帅无能，累死三军

管理一个团队，就像统领一支军队，是带领一群人去达成共同的目标的，不仅要能持续、长期地发挥团队力量而且要有效地提升团队绩效。因此，所有的领导措施，都必须有一套完整的做法才不会顾此失彼，不使系统乱成一团。

做出色的领导者，让下属心甘情愿追随你

大雁之所以队列整齐地顺利南飞，是因为它们有经验丰富的领头雁；公司之所以迅速成长、发展壮大，是因为有高瞻远瞩的领导者。

领导者一般是通过打造自己的影响力，赢得优秀下属的追随。即是说，领导者的思想和提出的概念体系，比如企业使命、愿景、目标以及战略等，在很大程度上被下属所理解、认同，让身为下属的员工有了一个值得信服的、可预期性的愿景。

在管理学中，有这样一个原理，叫鲦鱼效应。这个原理讲的是，作为一个团队的领导者，几乎会起到一荣俱荣、一损俱损的效果。做出色的领导者，是对组织的命运负责，也是对组织中成员的命运负责。

这个效应由德国动物学家霍斯特提出，这一效应说明了领导者对于组织命运的重要作用：

——聪明的将领是一支军队克敌制胜的前提；

——出色的领导者是一个组织顺利运转、发展壮大的关键；

——下属的悲剧常常是领导一手造成的；

——下属觉得最没劲的时候，是他们跟着一位最差劲的领导；

——领导者几乎会造成一荣俱荣、一损俱损的效果。

领导者是否优秀，关系着组织的发展和组织中全体成员的命运。因为，当一个企业面临危机，在夹缝中求生存的时候，员工们往往会看领导们做何反应。如果领导者拥有足够的可信度，能够为企业设定一个共同的目标，并将大家的力量都汇聚到一起，员工们就会增强信心，在这个强有力的领导的带领下共同努力，使企业走出困难。

然而，随着90后这一群体逐渐进入企业，现代企业的人力资源管理难度越来越大，权力的作用正在降低。因为你可以通过权力暂时地压制他们，但“个性张扬”“自尊心奇强”的“自我一族”是典型的压力越大，反弹越高的，没有了他们的积极性，团队的执行力将荡然无存。因而出色领导的影响力作用正在史无前例地发挥出来。

那么，如何将自己打造成出色的领导，发挥强大的影响力，让你的下属甘愿追随呢？

我们都知道，中国共产党的成功有一个重要原因是其共产主义理想的传播，它让人民大众看到一个美好的未来，于是人们的斗志被激发出来，表现出强大的战斗力。从心理学上来讲，当一个人觉得自己所在的团队前途一片光明时，短期利益的重要性往往会降低，所以作为领导者首要的就是目标理想的传播。同时，要不断提炼一些优秀的理念，不断地宣扬与强调。比如我们都知道对于团队来说，执行力、创新力、学习力、奉献精神、诚信、速度与效率都很重要，那么作为团队的领导就应该在不同的场合不断强调这些理念，挖掘典型的案例，表彰做得好的员工，批评与理念背道而驰的人。长此以往，团队文化将强烈地影响每个成员的行动，从而产生“由内而外”的强大驱动力。

同时，作为一个领导，他的业务能力可能不是最强，但他的岗位技能一定在团队中是最强的。这里所说的岗位技能主要指管理能力、用人能力。如果他没有思路，优柔寡断，自然不可能带好头。而且，如果一个领导希望自己带领的团队有执行力，那么，他自己就必须首先是个说到做到的人；如果希望自己的团队高效率，那么对员工反馈的问题就必须给予及时答复；如果希望员工遵守规章制度，那么作为领导就要先做出表率，违规了就主动接受惩罚，不搞特权。领导者只有做好各方面的表率作用，才能影响团队的其他人，才会在团队中建立强大的威信。

优秀领导还需要有甘为人师的觉悟。作为领导，一定是在技能和经验上要优于下属的。那么在执行任务的过程中，就要及时给予团队成员相应的指导和鼓励。因为执行目标任务时，领导是在高空作业，而团队成员则在地面推进。指导与鼓励是使团队成员水平提高的有效手段，而成员水平的提升为任务的快速完成提供保证。当团队成员做出成绩时，及时激励是使员工迸发激情的灵丹妙药；发生偏差时，及时批评是组织防微杜渐的苦口良药。没有指导和激励，团队不会成为优秀团队，员工也无法成为优秀员工。

为什么卡耐基的管理理念备受推崇？就是因为他懂得如何把人们的潜能激发出来。而作为团队的领导者，你扮演的不仅是管理者还是一位良师，你必须不断地通过指导和激励来影响你团队中的每个人，激发他们的积极性，为工作的顺利开展提供支持。

领导者要想打造自身的影响力还离不开一个重要意识——创新。领导者必须挑战现状，而挑战现状就必须创新，如果领导者是故步自封、不思进取的，那么他就不可能给下属希望，也就失去了对下属的影响力。创新也许很难，但其实也很简单，说到底只不过是一种意识而已。有一句名言是“思想决定行为，行为决定习惯”，只要你有强烈的创新意识，就会有创新的行动，最终会养成创新的习惯，于是创新难题将会迎刃而解。

出色的影响力是我们作为领导者——可以随时携带在身上的火种，不但可以用来取暖，更可以为我们照亮人生的方向。政治家运用影响力来赢得选举，商人运用影响力来兜售商品，推销员运用影响力诱惑你乖乖地把金钱捧上，而作为领导者的我们，就要运用自身的影响力来让自己的下属心甘情愿地追随。

拿破仑·希尔曾经说过：“在别人的影响下生活着，就等于不属于自己，就等于被别人的意志给俘虏了，这样的人即使再优秀，也不会登上一把手的位置。”的确，影响力弱的人只会生活在他人的阴影下。一个有强大影响力的人，身边总是会有很多的朋友，因为他们总是不自觉地会受到他的吸引；一个有强大影响力的领导，做起事来总是感觉更轻松自如，下属也总是更愿意真心接受他的领导，甘愿追随。

我们发现，作为一个领导者，如何让下属跟随你，其实并不难。要换位思考，站在下属角度看待问题。一个发自内心跟随你的下属，会主动积极地为团队创造更多更大效益。同时要记住一点，团队效率永远大于领导个人。

用好一人，胜过指挥千军

“善用人者能成事，能成事者善用人。”古人用这样的话来说明善用人才是一个成功领导者的关键特质。其实这也正是一个企业领导者能否将企业“引航前行”，在市场经济的汹涌波涛中驶向胜利彼岸的关键条件之一。

每一个企业的领导者都清楚：一个企业能否取得长久、深远的发展其关键的因素取决于人，谁拥有的高素质人才越多，谁在竞争激烈的社会中取胜的把握就越大。作为企业管理者你不仅要学会培养人才，还得学会驾驭人才。

而在现实中，我们总是经常听到某个公司的老板以伯乐自居，然后抱怨自己的手中没有千里马。其实，更多的时候不是这些老板缺少千里马，而是缺少驾驭千里马的能力。尽管这些企业的老板已经学习了各种先进的管理技能和策略，可是在施行过程中，仍不能达到令自己满意的效果。

我们在管理中，经常会强调一点，那就是“物尽其用，人尽其才”。可遗憾的是，现实企业中，许多领导者喜欢亲手做事的成就感，所以无论哪个环节都要事必躬亲。其实不然，这样做的领导者永远无法静下来思考，判断经济发展趋势、行业走向和本企业的战略发展规划。

要知道，没有完美无缺的人，一个人无论多么有才、十全十美，比起整个人类拥有的知识和能力，比起组织拥有的力量，都不足挂齿。而一个优秀的领导者，就是要懂得如何把平凡的人组织起来，做出不平凡的事情。这就要求把合适的人动用起来，让他能独当一面去做事。君主固然能治理国家，可要他去牧羊，他反而不如一个牧童做得好。这说明，人的才能总有局限的时候，放眼全球，那些大企业家、卓越的领导人，无不是擅长用人的人。

杰克·韦尔奇有“经理人中的经理人”之称，而他所在的通用电气公司，也素有“企业家摇篮”的美誉。韦尔奇之所以获得这样的赞誉，就是因为他善于生产“人才”。

在一次全球前500名经理人员大会上，杰克·韦尔奇透露他成功的重要秘诀时说：“我的全部工作便是选择适当的人。”韦尔奇这句经典的论述，被誉为“韦尔奇原则”，是他一生用人、培养人实践的总结，也是值得所有管理者好好琢磨的真谛。

“韦尔奇原则”很通俗简单：一个称职的管理者，或者说一个优秀的领导者，必须热爱自己的员工、拥抱自己的员工、激励自己的员工；一个优秀的领导者，必须随时掌握20%的最好的员工姓名和10%的最差的员工情况，以便采取准确的奖惩措施；一个优秀的领导者，最值得骄傲的方面就是用人；让合适的人做合适的事——因为一个人在某个特定的历史时代、某个特定的历史时期做某件事情合适，但是换一个时间，他可能就不适合这个工作了。用人之道，应该就事论事，了解什么样的人、在什么样的时刻、适合做什么样的事情，只有恰到好处，才能最大地发挥人才的作用。

可见，带领团队取得成功的方式并不复杂，那就是懂得“贵在用人”。可能你自己并不优秀，但如果你能找到合适的人，给他们合适的工作，并且充分激发他们的潜力，那么，你就是一个成功的领导者。

长期以来，所有管理者或是领导者都在履行这么一个用人公理——“用人之长”。它也确实为许多企业、公司创造了极大的收益。于是，对于有一定短处，甚至有明显短处的人，在一般情况下一些单位或企业大都采取避其短，弃其短而不用，因此很多有用之人都被“用人之长”所埋没，甚至扼杀了。

曾经有资料记载，前美国柯达公司在鼎盛时期有过这样的管理案例。当时，公司在生产照相感光材料时，需要相关工人在没有光线的暗室里操作，但培训一名熟练的技术工人却需要花很长一段时间。公司经过调查研究发现，盲人可以不受暗室的限制而自由活动，只要稍加培训就能上岗，而且他们做得比正常人还要精细。从此柯达公司大量招用盲人从事感光材料的制作。此举正是用“短”变“长”。无独有偶，与柯达公司用人有异曲同工之妙的是美国加州罗塔化妆品有限公司，他们让爱吹毛求疵的员工到质检工段工作；让爱出风头喜欢表现自己的员工做公关工作…… 结果那些过去被人认为有“短”处的人有了用武之地，而且使他们的“短”处发挥了正效应。该公司领导者在谈及自己公司成功的奥秘时直言不讳地说，公司成功的关键在于能用人之“短”。

用人之“短”，顾名思义，就是根据每个人的特点甚至是个性，将其在平时看似短处的地方合理利用，从而达到一种意想不到的效果。与传统的用人观念不同，用人之短则恰当地利用了特殊人才的“短处”和个别工作的特殊性，而这些也恰恰是大多数领导者过去在用人工作中经常忽视的方面。传统的观念是扬其长，避其短。这种扬长避短的用人方式的确有其有利的一面，但它也确实会在某种程度上造成人才的浪费。

汉高祖刘邦斩蛇起义，以亭长起身，当上了开国皇帝。与其说他有过人的智谋，或者上天眷顾的运气，不如说他选择了萧何、韩信为左膀右臂，让他得以功成名就。

对于刘邦的用人智慧，大将韩信也非常佩服。刘邦有一次问韩信："像我这样的人你看能带领多少士兵？"韩信回答："超不过十万人。"刘邦又问："那你呢？"韩信说："多多益善。"刘邦笑了："你能多多益善，那怎么还是被我所驱使了呢？"韩信说："你不善领兵卒，却善于领导将士，这就是我韩信为你所驱使的原因。"

可见，人之所长该重用，人之所"短"也该巧用，只要用得恰当，后者并不比前者的效果差。优秀的领导者不一定要拥有最好的人才，但他能最好地使用每个人才，不但能用人所长，还善于用人所短。现代管理中有句名言：只有无能的管理，没有无用的人才。缺点之所以成为缺点，关键是没有认识它，没有透过缺点看到后面潜在的优点。因此，不要一听到缺点，就觉得不能用、不好用，求全责备。而是要善于抓住主要矛盾，做到量体裁衣，对症下药，按照缺点来定岗定责，千方百计用好缺点，最大限度地发挥人的潜能。

用好一人，胜过指挥千军万马。要想成为一个成功的领导者，关键在于能够用好关键的一个或是几个人，让这些关键人对自己服服帖帖，再由这一个或几个关键人指挥千军万马，创造伟业。

打造统一团队，让“1+1＞2”

“一个和尚挑水喝，两个和尚抬水喝，三个和尚没水喝。”

三个和尚为什么没水喝？因为三个和尚属同一种心态，都不想出力，想依赖别人，在取水的问题上互相推诿。结果谁也不去取水，以致大家都没有水喝。办一件事，如果没制度做保证，责任不落实，人多反而办不成事。管理团队的主要目的不是让每个人做得更好，而是避免内耗过多。

其实，一个优秀的团队更像是一个人，领导者就是团队的大脑，而团队的其他成员代表着身体的各个部位。只有大脑与全身各部位紧密连接在一起，有机地配合起来才能发挥出一个完整的人的真正作用。那么，怎么能够完美配合、协调一致呢？这不仅要服从命令，而且还得有统一的价值观。简单点说，就是要全体成员要有一致的团队精神。

在当今世界，任何具有重大意义的科学研究、理论探索、技术工程等，都不可能再凭借个人单枪匹马的奋斗就能完成。1961年，美国实施的长达10年的阿波罗登月计划有将近42万人参加，涉及2万余家公司、120所大学。21世纪的重大创造性活动将依赖于跨国、跨地区、跨学科的人才群体的合作。在个人层面上，发展趋势也同样如此，人们事业的成功将越来越依赖于广泛的交流与合作。

要想打造统一的团队精神，最重要的就是要有凝聚力和共同的目标。它们两者之间相互作用，凝聚力可以保证目标的实现，同时共同的目标又能够让凝聚力发挥其价值。

作为企业的管理者，不仅要消除小我树立大我精神，更应该明确团队目标，进一步加强团队的凝聚力精神的打造。如果不能够做到这些必然管理中产生错误，使得小我的力量在团队中超过了团队的大我，那么这个团队领导者必然孤注一掷，最终的结果只能是这个团队垮掉，曾经付出巨大努力建立的成果也付诸东流，一切都回到了原点。很多时候还面临比当初更大的漏洞需要去补救，花费更多的时间、人力、物力去弥补。

团队的凝聚力具有无穷的威力，一般一个团队有几十人组成，他们之间步调统一，同呼吸共命运，不再是一个人去思考，而是以一个组织之脑进行思考。没有比这更难击败的团队了，任何弱小的个体一旦加入了这样的组织，都会瞬间得到神奇的自信，迸发出超人的潜能，以至于完成他自己永远无法单独完成的工作。

高盛为跨国银行控股公司集团，为《财富》杂志评选的美国财富500强企业之一，总部位于美国纽约。高盛的业务涵盖投资银行、证券交易和财富管理；业务对象为企业、金融机构、（国家）政府及富人。业务按地域分为三大块，即美国、亚太地区和欧洲，在全球23个国家和地区设有代表处，包括纽约、芝加哥、法兰克福、伦敦、东京、台北、北京、上海和香港。亚太地区总部设于香港。在中国大陆设有北京办事处、上海办事处，并成立合资证券公司高盛高华。

早在上个世纪80年代初，约翰·怀特黑德成为了高盛的最高领导，他在管理的过程中强调，在他管理的企业里面，没有我，只有我们，高盛的团队精神不能容忍任何特立独行的领导者，也不能容忍哪个人将自己的个人私欲凌驾于公司集团的利益之上。这种团队精神成为了高盛企业文化重要的组成部分。

高盛集团旗下拥有无数的金融奇才，他们都在华尔街相当有名气，个个都是金融巨头，但是高盛并没有让他们的个性在高盛的团队文化中独树一帜，而是紧密与高盛的团队精神联系在一起，才使得高盛成为世界性著名的企业。

团队精神，可以将企业内部的每个员工密切地聚合在一起，就像拔河比赛一般，大家有明确的奋斗方向，然后朝这个共同的方向使劲。作为企业内部的员工来说，企业的目标就是自己奋斗的目标，团队的奋斗方向就是个人的奋斗方向。两者是统一的，这样，员工在去实现公司目标的时候，同时也可以实现自己的个人的目标。

无论企业大或者小，如果没有凝聚力必然成为一盘散沙，如此只能依靠行政指令来完成了。但是行政指令缺乏个人情感和社会心理，虽然可能在短时间内取得效果，但是长期下去不能让员工心服口服，必然对企业有百害无一利。因此，要加强对员工团队精神的培养，员工通过长期的实践逐渐形成一种习惯、信仰、动机、兴趣等文化心理，来沟通人们的思想，引导他们和上司一起，产生共同的使命感、归属感和认同感，反过来逐渐地强化团队精神。于是，就产生了一种强大的凝聚力，将团队中每个人的能量都结合在一起。

团队精神还有很大的控制力。要想将自己的团队打造成为有团队精神的队伍，那么就得对员工能够有控制力，团队的群体行为要更加协调。团队精神能够起到这样的控制能力。通过企业内部的文化氛围去影响每个员工，让每个员工的步调都能够统一到企业团队精神建设之中来。当然，这种控制力不是通过大喊大叫所能够实现的，而是要软性化的控制。比如通过企业文化的影响，培训、强化企业目标等，让他们潜移默化地改变自己，与企业团队精神融合在一起，进而达到掌控每一个员工。长此以往，必然能够收到意想不到的效果。

美国一家全球500强的大公司，招聘高层管理人员。9名优秀应聘者经过初试，从上百人中脱颖而出，进入了由公司老总亲自把关的复试。

老总看过这9人详细的资料和初试成绩后，相当满意。但此次招聘只能录取3个人。老总给大家出了最后一道题。老总把这9个人随机分成甲、乙、丙三组，指定甲组的3个人去调查本市婴儿用品市场；乙组的3个人去调查妇女用品市场；丙组的3个人去调查老年人用品市场。

老总解释说："我们录取的人是用来开发市场的，所以，你们必须对市场有敏锐的观察力。让大家调查这些行业，是想看看大家对一个新行业的适应能力。每个小组的成员务必全力以赴。"临走的时候，老总补充道："为避免大家盲目开展调查，我已经叫秘书准备了一份相关行业的资料，走的时候自己到秘书那里去取。"

两天后，9个人都把自己的市场分析报告送到了老总那里。老总看完后，站起身来，走向丙组的3个人，分别与之一一握手，并祝贺道："恭喜3位，你们已经被本公司录取了。"然后，老总看见大家疑惑的表情，呵呵一笑，说："请大家打开我叫秘书给你们的资料，互相看看。"

原来，每个人得到的资料都不一样，甲组的3个人得到的分别是本市婴儿用品市场过去、现在和将来的分析，其他两组也类似。

老总说："丙组的3个人很聪明，互相借用了对方的资料，补充了自己的分析报告。而甲、乙两组的6个人却分别行事，抛开队友，自己做自己的。我出这样一个题目，其实最主要的目的，是想看看大家的团队合作意识。甲、乙两组失败的原因在于，他们没有合作，忽视了队友的存在，要知道，团队合作精神才是现代企业成功的保障。"

我们可以看出，团队精神就像一个人的魂魄，又是他的人生目标。有和没有的不同，差距之大，如同一个人失去了魂魄，成为一具行尸走肉。再有前途的公司，如果缺乏这种无形的魂魄，老板和管理者不懂得给手下灌入这种凝聚力，就会始终处于一个有钱赚则大家蜂拥而来，遇到困难则都鸟兽散的困局之中。

一个有效的团队需要融合不同的个体才能发挥力量，所以，可以包容个体的不同并达到集体的一致目标。世上没有两个人是完全相同的，就算他们生存在极为严密的规则制度下，也难免要释放出独特的能量和光彩。员工都是有个性的人，且都有自己的目标，统一的团队精神，就是为了把他们与集体目标融合在一起。

当然团队精神的打造需要听取不同的意见和建议，不同的意见和建议给团队精神打造带来了开放性的、集思广益的力量，但是很多时候不可避免地发生团队成员之间的竞争。如果团队每个人的个性十足，那么会割裂大家统一的认同感，这样必然会让解决问题的能力下降；如果团队内部存在过多的冲突和竞争，内部的胜负压过了团队的胜负，成为一个主要问题，个性放肆到这样的程度，团队就面临毁灭。统一的团队精神，能够集合起所有的个体的不同，激励他们去追求团队的共同目标。一个有效的团队会允许个体的自由和不同。但无论如何，所有的团队成员，他们都必须遵守团队的日程安排，以及适当的下级目标。只有这样企业的团队精神才能不受到破坏，才能让团队越来越强大。

所以现代企业在招聘员工时，都把能否“崇尚团队合作”当作一个重要的衡量指标。不能与同事友好合作，没有团队意识的人，即使有很好的能力，也难以把自己的优势在工作中淋漓尽致地发挥出来，不但难以引起老板的关注，也难以在职场立足。

今天的企业比起以往任何时候都需要团队精神，资源共享、信息共享才能够创造出高质量的产品与高质量的服务。特别是团队成员之间，每一个成员都具有自己独特的一面，取长补短、互相合作所产生的合力，要大于两个成员之间的力量总和，这就是“1+1＞2”的道理。一个重视团队精神的企业，才有可能在激烈的市场竞争中保持胜利的记录。对于今天的企业而言，员工是否具有团队意识，直接关系到企业的生存和发展。

没有规矩，不成方圆

俗话说：没有规矩不成方圆。如果一个企业没有制度，在某一段时间也许也能混下去，甚至在某一阶段、某一件事情上还会显得很有效率，但是从长远和整体上来看显然是不行的。因为一个没有制度没有纪律的队伍事实上等于一个没有绩效没有生产力的队伍。

在组织规章制度面前，人人平等，一切均依据制度规定行事。不论是领导者还是下属，都不要搞任何特权或例外，这样，企业才能够上下一心，团结一致。

曹操在攻打张绣时，率领十万大军出发。此时正是麦熟季节，行军途中，见一路上麦子已熟，老百姓因为有大兵过来，都逃避在外，不敢收割麦子。

曹操让人告诉附近村人父老，及各处守境官吏：吾奉天子明诏，出兵讨逆，与民除害。方今麦熟之时，不得已而起兵，大小将校，凡过麦田，但有践踏者，并皆斩首。军法甚严，尔民勿得惊疑。

老百姓们开始都不相信，仍旧躲在暗处观察曹操带领的军队的行动。经过麦田的官兵，都下马用手扶着麦秆，小心地蹬过麦田，这样一个接着一个，相互传递着走过麦地，没一个敢践踏麦子的。老百姓看见了，没有不欢喜称颂的，望着官军的背影跪在地上拜谢。

曹操骑马正在走路，忽然田野里有一只鸟惊叫着飞起来，曹操骑的马受了惊吓，一下子蹿入麦田中，践踏坏了一块儿麦田。曹操立即叫来行军主簿，拟议自己践麦之罪。主簿曰：丞相岂可议罪？曹操道：我自己制定的法规，如果我自己去触犯，何以服众？随即拔出自己所佩之剑欲自刎，众人连忙拦住。

这时，谋臣郭嘉走上前说：古书《春秋》上说，法不加于尊。丞相统领大军，重任在身，怎么能自杀呢？曹操沉思了好长时间，才说：既然古书《春秋》上有“法不加于尊”的说法，我又肩负着天子交给我的重要任务，那就暂且免去一死。但是我不能说话不算话，我犯了错误也应该受罚。于是，曹操用剑断自己的头发，扔在地上，说：那么，我就割掉头发代替我的头吧。曹操又派人传令三军：丞相践踏麦田，本该斩首示众，今割发以代。于是三军悚然，无不懔遵军令。

现在的人觉得剪头是件很正常的事。可是，当时的人认为，身体发肤受之父母，头发是从父母那里继承来的。随便割头发是大逆不道的事情，是不孝的表现。因此，在当时的人看来，曹操当众割头发和割脑袋没什么两样。规章制度面前人人平等，就是丞相也不能例外，可见治军之严明。

然而，在我们的企业里，最容易破坏制度的往往就是制定制度的人，有时甚至就是老板本人。许多单位都有自己的规章制度，大到科研生产、企业管理，小到考勤着装。那些大的方面执行起来似乎要容易得多，然而一些小的方面可就不那么乐观了。比如说，有的单位出台了《禁烟规定》。可就是出台政策的部门领导，却在上班时间大开其门，旁若无人地吞云吐雾，而受罚的都是下面的小职工和老百姓；还有的工厂要求职工上班时统一着装，职工们都统一到一起了，但某些领导就是另类，不知是用便装来彰显自己的地位还是个性?

像这样在制度面前不平等的现象可能并不少见，如果想做到制度面前人人平等，领导应率先垂范。

1946年，日本战败后，松下公司面临极大困境。为了渡过难关，松下幸之助要求全体员工振作精神，不迟到,不请假。然而不久，松下本人却迟到了10分钟。

松下迟到有些客观原因。本来，他上班是由公司的汽车来接的。那天，他早早起来，赶往阪急线梅田站等车。可是左等右等，车总是不来。看看时间差不多了，他只好乘上电车；刚上电车，见汽车来了，便又从电车上下来乘汽车。如此折腾，到公司的时候一看表：迟到了10分钟。

原来是司机班的主管督促不力，司机又睡过了头，晚接了松下10分钟。按照规定，迟到要批评、处罚的。松下认为必须严厉处理此事。首先以不忠于职守的理由，给司机以减薪的处分。其直接主管、间接主管，也因监督不力受到处分，为此共处理了8个人。松下认为对此事负最后责任的，还是作为最高领导的社长——他自己。于是对自己实行了最重的处罚，退还了全月的薪金。仅仅迟到10分钟，就处理了这么多人，连自己也不饶过，此事深刻地教育了松下公司的员工，在日本企业界也引起了很大震动。

规章制度面前人人平等，即使是董事长也要遵守规章，只有领导这么做了，员工们才会遵守。作为领导者,不要以为制度只是给员工定的，恰好相反，任何制度的有效推行都离不开领导者的身体力行。

一个优秀的管理者应该坚持正确的原则，维护组织的纪律。组织内部固然应该维系着和谐、友好的气氛、但这并不意味着人情味可以盖过规章制度。

不要担心因为设置了严厉的制度而使员工感到不舒服。没有规矩，不成方圆。只要领导者能够真正客观公正地执行规定，赏罚分明，同样会得到下属的尊重。

制度面前，只有众人平等，才能够保证公平。如果出现了徇私枉法或者法外开恩的例外，那么就会让规章制度形同虚设。摆上一个炉子，却不点上火，那么还用它做什么呢？只有制度面前人人平等，才能让制度真正地发挥作用。

让员工参与，让企业得利

作为公司的领导，要注意培养员工的“主人翁”精神。很多人对主人翁的理解有些偏颇，一个深爱着组织、深爱着公司、对组织有着巨大献身精神的人就是主人翁吗？这仅仅是主人翁含义的一个方面，“主人翁”精神对于员工还意味着，他们能对自己的工作以及与己有关的其他事情做主。实际上，公司已经习惯了告诉员工们怎样去做，认为让员工自己做主是一种很大的风险，实际上这是一种错误的看法。交给员工一定的责任，“主人翁”精神也就深入人心。

公司里许多的规章制度本来是非常有意义的，能够帮助实际生产，有利于实际工作的开展，但很多时间成了一种点缀，流于形式。组织的建立需要一种合乎逻辑的规则，但组织的建立与发展不是光靠这种规则的支持就可以的，还需要一种美好的感情，一种自豪的“主人翁”精神。

可以说，“主人翁”精神是一种创造性的精神，它要求人们运用自己的判断力去解决组织所面临的困难和问题，用自己的自豪感、自信心及迸发出的巨大热情去创造奇迹。我们都希望员工以主人翁的态度去面对企业的任务，这些美好愿望的实现，需要破除那种形式主义的思想障碍，为企业的发展负起自己应尽的责任与义务，需要以企业为家的精神。

而要树立员工的“主人翁”精神，就应该让员工积极参与管理决策，鼓励员工发表不同意见。如果公司不去考虑和倾听多种不同意见，那么这个企业的思路及信息往往会非常闭塞。所以，卓有成效的领导者往往不求意见一致，反而十分喜欢听取不同的意见。

美国GE公司前CEO杰克·韦尔奇以雷厉风行的工作作风著称，他曾经以实行了最严格的管理制度“六西格玛”而出名，但就是这个以严格闻名的韦尔奇还推行过一项“全员决策制度”，让那些平时没有机会互相交流的员工与中层管理者一同出席公司决策讨论会。这个制度对于大型企业来说，好像会造成效率低下，但在实际运行过程中却恰恰相反，没有出现问题，反而避免了公司内部的官僚作风，大大地提高了工作效率。

同样地，在通用电气公司在人事管理上也进行过重大的改革，将人事调配（即由企业单方面评价员工的表现、水平和能力，为其指定工作岗位）的做法改为“建言报告”的方法。也就是由员工自行判断自己的品格和能力，提出选择自己希望工作的场所，尽其可能由他们自己决定工作前途的“民主化”人事管理方式。这种方法一经推行，就受到了管理界的瞩目。

通用电气公司还有一种别出心裁的员工参与式管理方法，这就是“一日厂长”制。每一位员工都要写一份“施政报告”，自1983年起，每周星期三就由普通员工轮流当一天厂长。在这一天里，“一日厂长”和真正的厂长工作内容是相同的，9：00上班，先听取各部门主管汇报，对全厂的营运情况进行全面了解，然后陪同厂长巡视各个部门和车间。在“一日厂长”的工作日记中，详细记载其工作意见。而各部门、各车间的主管都要依据这些意见随时改进自己的工作，并须在干部会上提交改进后的成果报告获得通过。各部门、员工提出的报告，先由“一日厂长”签字批准再呈报厂长。“一日厂长”还可向厂长提出自己的意见作为厂长决策的参考。这样的管理制度为通用电气公司带来了显著的成效，大大节约了生产成本。

员工参与的管理方式带来的是积极的效果，不论对于企业管理者还是员工来说都是一种有益的方式。而把员工蒙在鼓里的管理带来的则是消极抵触、资源浪费和决策难以正确有效执行的后果。所以，对于管理者来说，让棋子自己走，无疑大有裨益。

可以说，管理者积极采纳员工的建议是一项有效的激励措施。对于那些积极的建议，即使是存在缺陷，也可以引导员工们进行讨论和完善并加以实施，这样员工们提出建议的积极性将会得到极大的鼓舞。

本田公司就将员工参与看作是企业管理中很重要的一部分。他的管理者认为：如今的汽车绝不是十全十美的，有若干地方有待改进，有些改良点还没有人发现。只有时时刻刻这样考虑，才能开发出风格独特的汽车。管理者的工作不过是为技术人员提供能够如此思考的机会。如果管理者能够帮助技术人员成功，也就是在帮助企业成功。

在本田公司，开发工作有十分灵活的特点。新车开发研究所绝不强求员工“必须如此”，也不会严格按照既定方案执行，而是鼓励每一个员工随意发表对车辆开发的所有疑问，并充分讨论这些疑问。日本政府曾经颁布过控制车辆废气的排放标准，为了使摩托车的废气排放降下来，通过新的标准，本田公司的技术人员认为水冷才能达到目标，而本田的创建者本田宗一郎则坚持气冷方式。在公司内部经过了激烈的辩论和多次试验之后，本田宗一郎放弃了自己的观点，而采用了技术人员的建议，采用水冷方式，这样本田公司创造出了具有划时代意义的低公害引擎CVCC。在本田公司的管理者的积极鼓励下，本田的员工不但能够成为“自己走的棋子”，而且为本田公司带来了极大的经济效益。

正是由于本田公司营造出了员工自由参与管理的氛围，才使得本田公司人才层出不穷，企业永葆生机。

当然，员工参与并不仅仅只有提出合理化建议这一个方面，实际上，员工参与可以深入到企业管理的方方面面。比方说，质量控制就不是管理者一个人的事，全面质量管理也可以由员工共同参与。

许多企业的生产线都设立生产和质量监督检查两个部门，然后由更高一层的管理者来实施对质量监控部门的监督。这样层层把关的方法尽管能够实现产品的质量保证，可是也使工作效率受到影响，甚至有可能使两个部门形成对立情绪。

而位于佛罗里达州劳德戈尔堡的一个收音机接收器生产线，就找到了另一种方法来实现产品的质量控制。在这里，每一个生产工人的产品质量都是由自己控制的。管理者让每一个员工组装和检测自己负责的接收器，合格后附上一张便条：亲爱的顾客，这台接收器是由我组装的。我为它感到骄傲，希望它使您满意。如果有什么地方不满意，请通知我。然后在便条后附上自己的名字，亲自将产品寄出。

自从这种全员参与质量管理的方式推行以来，这个企业的生产效率与产品质量得到大幅度提升，全体员工都感到自己的工作很有意义，为自己自豪。

员工参与是达成和谐的根本，当管理者让员工在参与管理的过程中感受到了重视时，也是员工在发挥自己的主观能动性为企业创造更大价值的时候。员工参与管理，才能实现企业和员工的共同进步、共同发展。

总而言之，作为企业的领导者，要充分发挥员工的主人翁精神，要让员工积极参与管理决策，从而保证决策的科学性，提高企业的效益。

依靠共同的使命来驱动行动

任何人都会自觉去做那些自己认为有价值的事。如果人们的价值观相同，他们会团结在一起向同一个目标努力，这将会形成强大的凝聚力。所以，如果领导者能够在员工中建立起共同的价值观，建立企业使命，那么，所有的员工就都会在使命的引导下，自动自发地工作，为企业目标的早日实现而贡献出自己最大的能力。而且员工之间因为价值观相同，也会互帮互助，团结协作。

在使命的引导下，员工们的工作会变得积极主动，领导者也可以实现轻松管理。对于那些对企业有利的事，员工们会自觉去做，而不是等待管理者的监督和命令。管理者将不再依靠强制和权力来实施管理，而是为员工提供一个宽松的工作环境，从而促进员工和管理者之间的和谐关系，提高员工的工作积极性。

为了建立共同使命，管理者要给予员工充分的尊重，靠员工的自觉行为实施管理，而不是在员工恐惧的基础上形成企业的控制系统。如果每一位员工都在谨小慎微地工作，担心自己的行为违反规定，工作起来就会缩手缩脚，避免冒险，不敢进行创新尝试。使命建立在尊重的基础上，肯定每一位员工的个人尊严，所以会得到大多数员工的共同认可。在这种尊重人性制度下工作，员工们会自觉遵守规矩，认真执行决策，而不必靠管理者的控制和监督。

在微软这个计算机软件帝国，对人的尊重被放在了最重要的位置上。每一个细节都体现着对员工的重视。他们设立个性化的办公室，为员工提供自由表达的机会，设立弹性工作时间，虽然他们的价值观没有像英特尔那样印在每一位员工的名牌上，也没有任何的口号和标语，但是他们的价值观已经深入到企业生活的点滴之中。每一位员工都对本职工作有着强烈的兴趣，他们各负其责，又高度合作。他们借助于不断的创新来体现个人价值，也对企业发展形成推动力量。在微软，每一位员工都在为实现个人价值、追求顾客满意和承担社会责任而不懈努力。

领导者只要给员工一个自主环境，对他们充分尊重，就可以在员工中建立起大家共同认可的使命，在使命指引下，管理者的工作可以变得轻松而高效。

戴尔公司是一家“个个员工皆老板”的公司。它的管理者在所有的员工中建立了一种共同的信念，其中包括责任、荣誉和有福同享。戴尔的管理者尊重每一位员工，将企业的成功归功于员工的努力。任何一位员工都能够感受到自己的工作是有价值的，任何一位员工都可以通过最直接的沟通渠道，得到自己所需要的信息。戴尔十分排斥等级制度，更不必说管理者以命令方式行使自己的管理工作了。在这种提倡平等交流的管理方式下，员工的意见和建议得到了充分的肯定，从而使得每一位员工都能够发挥出自己的潜能，为公司的发展而努力。戴尔的管理者为每一位员工投资，让员工的责任感、荣誉感被充分调动，也使得公司的每一个问题都成为员工和管理者共同面对的问题。

这种软性管理方式无疑在最大程度上满足了员工的需要，让员工把实现个人价值和企业的发展目标紧紧联系在一起，为企业的发展奉献出自己最大的热情。

松下公司造人先于造物的观念也充分体现了这一点。它的创始人松下幸之助并不是把企业看作是一个经济实体，而是看作一个有机体，这个有机体为了实现自己特定的理想而奋斗。松下有一个深入人心的28字精神，那就是“产业报国、光明正大、团结一致、奋发向上、礼貌谦让、改革发展、服务奉献”。在这个共同精神的指引下，松下首先培养人，然后提供产品和服务。这种人本价值观念，将员工的个人发展和追求目标放在最重要的位置上，帮助员工实现价值目标，从而推动企业的整体发展。

戴尔和松下公司一样，都是竭力促成员工形成一种使命感，以保证员工能积极主动地发挥自己的创造性为企业发展努力，促进企业的永续发展。

建立起使命之后，员工就会自动自发地为企业发展而努力，并且把自己的新思维、新创意运用到工作中去。价值观为员工指明了工作方向，而员工还需要一个共同的奋斗目标。当员工们知道他们的工作将会产生怎样的成果时，他们的工作热情会得到极大的焕发，从而奉献出自己所有的力量。共同的奋斗目标，将引导员工向着同一个方向奔跑。

当明白自己的工作目标之后，员工们会觉得自己的工作变得很有意义，从而充分感受到个人的价值，工作又会成为其个人价值最好的表现方面，这将使他们的工作积极性大大提高。而且，共同的奋斗目标，会使所有的员工紧紧团结在一起，人与人之间的利益冲突不再是员工关注的焦点，集体荣誉感和凝聚力得到了加强。员工们甚至会牺牲个人利益来促成共同目标的实现，众志成城。

因为企业的共同目标体现了每一位员工的个人价值，所以这个目标有助于企业在内部形成动力，在员工心目中形成责任感，从而对所有的员工产生激励作用。这种动力和激情将会极大地调动员工们的积极性，突破对个人私利的追求，变成所有员工的共同愿望。

当所有的员工都能够团结在一起，共同努力，向着企业的奋斗目标努力时，他们的个人潜能会得到最大限度的发挥，这也是企业发展取之不尽的源泉。

可见，企业的使命是企业内部形成凝聚力的核心，领导者要想实现企业的永续发展，就要用企业使命去激励员工，以此作为企业的根本。

PART 2

关键岗位原则：不可或缺

要想轻松带好团队，最简单的方法就是关键岗位找对人。那么什么是关键岗位呢？关键岗位就是决定着企业发展命脉，与企业战略目标的实现密切相关，承担起重要工作责任，掌握企业发展所需的关键技能的重要岗位总和，是一个不可或缺、不可替代的岗位。

关键岗位决定了企业发展的命脉

当我们谈到关键岗位的时候，很多公司领导就会问：什么是关键岗位?

其实，关键岗位的概念很简单，用一句话就可以概括：关键岗位就是决定着企业发展方向和目标的岗位。也许会有人继续问：我们企业内部的部门很多，岗位也很多，那么又该如何界定哪个岗位才是关键岗位呢？在解答这个问题之前，先要明确关键岗位对于一个企业的发展具有什么意义。

首先，从识别关键岗位的意义上来说，清楚了关键岗位有利于企业实现其战略目标。明确了关键岗位是哪个，也就抓住了企业的核心。因为一个企业要想确保其战略目标的顺利实现，就要从人员配备、设备更新、技术管理等方面入手，确保各个环节、因素协调共进。这样来说，识别关键岗位也就有了其特定的意义：一、有利于员工全面了解企业内部岗位设置，使得全员能够树立统一的价值观念，为企业制定合理的薪酬分配制度提供依据；二、有利于企业在面对瞬息万变的市场时，对人才的需求能够做出恰当的判断，不但可以避免因关键岗位的空缺而带来企业的损失，也能够防止企业内部人才的流失。

其次，一旦关键岗位长时间空缺会对企业造成巨大的损失。毕竟关键岗位上人才都是掌握着企业核心技术，一旦这些人才流失到竞争对手的手中，那么他们掌握的核心技术就会被竞争对手利用起来，这样必然导致竞争对手的竞争力增强，自己企业竞争力严重降低。同时，关键岗位人才的流失，会在无形中增加企业以后的招聘成本，因为关键岗位上的人才大都是高工资、高职位。

第三，关键岗位的缺失容易造成一个企业的生产经营受挫。关键岗位的人员的离职，往往会出现企业核心部位无人指挥的混乱局面，导致生产环节无法顺利进行。毕竟很多关键岗位的人才都掌握着核心技术。

最后，关键岗位的缺失也容易造成企业信誉受损。关键岗位人员的离开也会打击公司与客户合作的积极性，很多客户都与企业的关键岗位人员有着或多或少的联系和沟通，甚至会有一些客户就是奔着处于关键岗位的个别员工而来，而对其公司的产品或者服务产生信赖也是因为个别员工，达成了双方的进一步合作。可一旦这个人离开了，客户必然对这个企业失去信赖，减少合作或者不再合作。

多年前，有一家咨询公司刚刚成立。为了促进公司的发展，公司老板花了高薪请来了一个能力出众的业务经理，并将已有的一些相对成熟的资源进行了转交。这个业务经理很能干，不仅很快维护好了公司提供给他的业务资源，也开拓出来一大批新的客户资源。由于双方沟通得很好，关系飞速发展，很快达成了初步的合作意向，这让公司的老板感到十分满意。正当一切都在有条不紊地进行时，一个严重的问题出现了。公司老板在成立公司之初，就强调了一个原则：如果在一年之内效果不明显可全额退款。之所以制定这么一条规定，其目的是想从一开始就打造出属于自己的品牌，而且之前的客户也都是这样对待的。为此，公司的老板与业务经理之间产生了分歧。业务经理认为，公司处于创业初期，让企业活下来才是关键，所以只要赚钱就可以了。信誉可以暂时放在一边，等公司壮大了再谈也不迟。这与公司的老板原有的经营理念相悖而驰，双方争论不休。后来，业务经理感到业务无法开展，一气之下跳槽到了别的公司，同时也将原来公司的客户资源都给带了过去。

这样的事件并不是特例，而是在很多公司里都屡见不鲜。可见关键岗位对于一个企业或者公司的发展具有多大的意义。所以识别关键岗位，如何在关键岗位留住人才真的是企业管理中很重要的一环。

那么，关键岗位到底该如何界定呢？为了方便理解，以下面这个公司为例进行分析：

有这样一家制药企业，公司的老板觉得公司部门太多，管理难度太大，人力、物力和财力总是不能合理分配，尽管投入大量资金，仍然效果不佳。当他了解了关键岗位的重要性之后，也很想加大对关键岗位的投资以充分发挥其效用，这样可以节省更多的成本。可他目前面临的最大的问题就是觉得无论哪个部门都重要，做不出取舍。

分析可知：这是一家生产经营及研发一体化的医药生产企业，虽然面临着严峻的市场挑战，但是该企业有着自己的核心技术，专门生产保健产品，因此在市场上还占据着绝对的竞争优势。明确了这一点，接下来的工作重点就是如何实现这个企业的战略目标，那就是——利用核心技术生产保健产品。

该企业从药品的研发到生产销售是一体化的，那么处在企业第一个环节的就应该是研发环节。这个环节看似简单其实很复杂，需要提供相关数据，调研，还需要向相关部门申报，获批之后再按照相关指示才能进行研发，进行临床试验；接着根据效果再次申报，获得批准之后才可以进行生产；之后进行包装、定价、营销等。确定核心流程分解到各部门，才能责任到人。

当责任分配到每一个部门、每一个人之后要进一步量化。通过深入了解，最终形成部门责任说明书，免得出现问题的时候，由于缺乏相关证据，使得某些人逃避责任，影响整体效益。

通过以上分析，我们可以知道研发是这家制药企业的核心部门，而包装、定价、营销、物流、销售等各个环节，虽然也必不可少，但是和研发相比还是处于劣势位置。比如，当营销部门出了问题，只要对某一个负责区域的营销负责人进行狠抓，便可收到良好的效果。同时也会督促其他营销人员加强自己的业务能力。

可见，确定各部门的关键岗位在整个企业产品流程中所占的比例，才能最终确定部门的关键岗位。同样的道理，其他部门的关键岗位，也可以通过这种方式得出，最后汇总到一起便可得到企业内部组织的关键岗位。通过对关键岗位认真对待，才能做到有的放矢，有主有次，既节省了成本，也提高了效率。对企业来说是至关重要的一件事情。

关键岗位一定要留得住人

一个企业强大的凝聚力其实是人才的聚集力。

一个企业要想快速发展，必须依靠人才的推动，谁拥有的人才多，谁的企业就发展得快。但是现在的社会竞争愈发激烈，岗位设置也越来越多，因此员工的流动速度也随之越来越频繁。有的企业可能会有越来越多的人才聚集到一起，而有企业则可能仅有的几个人才也离开了，还有的企业即便是花费高成本招聘到的人才也无法久待……一个企业只有真正地将人才留住，才能真正地沉淀下企业文化。

如何留住关键岗位的员工，是大多数企业所面临的一个棘手问题。在对关键岗位员工能力开发的投入决策中，企业高管们常常会陷入两难境地：不投入，关键岗位员工为企业创造价值的能力无法提升或提升缓慢；高投入，关键岗位员工能力建立起来之后跳槽，企业为别人培养了人才，怎么办？

从企业的角度来看，对人的态度体现了企业的文化定位。因为，人相对于物来讲，又是特殊的成本、资源和资本。而如果把人当作成本，就应着眼于节约和减员增效；如果把人当作资源，就应着眼于开发和利用；如果把人当作资本，就应着眼于投资以求回报。

由于每个人都具有思想的独立和主动选择的能力，而且会付诸行动，那么，人的岗位越关键，这种思想、选择、行动的能力就越强，这就意味着企业对关键岗位人员的投资带来的不确定性和风险也就增强。同时，市场经济的逐利性又加深了这种不确定性和风险性，这就导致了传统的感情留人、事业留人、待遇留人的方法已经无法收到应有的成效。

这是一家网络培训教育结构，对优秀的人才提拔最高的标准是分校区的校长。而且这个单位为员工搭建的培训平台特别好，都是为了让员工能够更好地达到晋升。经管网络已经被人们所接受，而且互联网的发达也给人们带来众多信息和便利，但是作为中学生的家长还是对网络的不良影响深感畏惧，大部分家长视网络为洪水猛兽，也因此对网络教学这种形式深表怀疑。

小杨是在公司刚成立之时就来到公司的，由于经验不多，而且公司所处的城市较为偏僻，接受外界新鲜事物的难度还很大广，开始的时候，市场开发的难度很大，为了能够让企业正常运转起来，每个人都付出了很多。

小杨和其他员工一起在公司组织的各种公关、策划活动中辛勤忙碌着，在公司的形象推广、市场的开发、产品的推广过程中发挥着积极的作用。随着市场接受程度的提高，公司业绩也开始稳步增长，前来咨询的学生和家长逐渐增多，公司在成长过程中也不断扩充人员。就这样，小杨和其他有突出贡献的老员工被公司寄予厚望，期望能尽快成长为业务领导。

然而公司的不断壮大与发展，小杨内心开始为自己是公司的功勋而沾沾自喜起来，而忽视了对自身业务能力的加强。眼看着一个个新员工以迅猛之势在业绩上赶超过自己，小杨感到失去了优势，也变得没有了自信。一段时间以后他找公司领导谈话，希望能够提高自己的待遇或者转到其他部门工作。公司的领导帮小杨分析了他目前的优势和公司对业务人才的需要和重视的现状，鼓励他继续往业务方向努力。看到自己升职无望，在工作了一段时间之后，小杨选择离开公司。

在竞争日益激烈的当今社会，核心人才的流失已成为企业中普遍存在的问题。核心人才流失对于企业的损失是不可估量的，不仅仅是人力资源的流失，更可能造成企业核心机密的外泄。然而企业面对核心人才流失现状，却显得手足无措。如何避免企业核心人才流失，如何留住企业优秀人才就成为企业管理者关心的重点。此时，基于企业实际管理现状及人员特点作出核心人才流失的应对策略就显得至关重要。只有在日益激烈的人才争夺战中留住企业的优秀员工，避免企业核心人才流失，才能维持企业发展的原动力，实现企业长远快速发展。

那么，作为企业的管理者如何留住人才呢?

首先要限时招聘，优质招聘，从高从优，严把进人关。选择有理想、有目标、学历高、能力强，沟通能力好、身体素质好的人进入企业，打造企业的人才梯队，为企业发展组建一支成长性强、能打胜仗的生力军。

其次是要根据企业的发展、追求的目标以及急需人才的缺口，提前制定招聘计划，拿出招聘措施，创新招聘渠道，变被动等待为主动探索，招到一批来之能战、战之能胜的一流专业人才。

建立强大的顾问体系。建立顾问体系，组建顾问班子，可以使企业从各流程、各环节向更专业、更高效的方向发展。要打开用人思路，整合外部资源，丰富员工体系，为企业发展提供更强大的人才支撑。

没有完美的个人，只有完美的团队。从人才配置上，要形成企业科学合理的人才结构：内部培养与外部引进相结合，现有人才与顾问班子相结合，老中青的年龄结合，从总裁班子、各板块一把手到员工的上、中、下各层级的结合。

总之，企业应真正做到以薪酬和福利留人，以真诚和感情留人，以事业和发展留人，给人才的生存和成长提供优越的环境和条件，推动人力资源的良好发展。企业应创造出一个“尊重知识、珍惜人才、爱护人才、人尽其才”的良好工作氛围，真正去调动员工的积极性，在人才竞争日益激烈的今天，使企业能保留住一支素质良好且有竞争力的人才队伍。

忠诚度是胜任关键岗位的第一要素

当前企业间的竞争归根结底是人才的竞争。市场经济条件下，企业的优势在于人才，人才作用的发挥首先在于人的忠诚，然后才是发挥自身的作用。培养人的忠诚是新进员工接受培训的必修课，而且是第一课。关于怎样提高员工忠诚度，怎样用好人才，怎样留住人才，从而降低人力资源成本，达到人力开发的最大效用，一直以来都是企业尤其是人力管理专业的研究方向。

从企业管理者的角度来说，员工也是他们的客户，这个客户有着与其他客户不同的诉求：希望自己能在为之自豪的公司工作；希望有好的待遇，好的福利；希望有善解人意的上司，有相处愉快的同事；希望有赏心悦目的工作环境；希望有成长空间，有晋升机会，有将来保障；希望做有兴趣的工作，有成就感，经常接受教育训练；希望公司在需要时能帮助解决个人困难等。

当然，对于员工的诸多需求，不是所有的公司都能够给予满足。但是如果需求得不到满足或意见得不到疏导，员工的工作热情就会下降，对公司的忠诚度也自然减少，结果造成人员流动性增大——这是每个老板的难题。如果老板能尊重员工需求，尽量满足或引导这种需求，就可能激发员工的内在工作热情，使员工享受工作的快乐，从而提高忠诚度。

除了以上的原因之外，还有更多的细节性原因。其实，员工忠诚度的缺失很大程度上归咎于领导者本身，起码说是公司或企业的领导并没有给员工足以尽忠的理由，以至于出现“千里马常有，而伯乐难寻”的状况。

如果认真分析一下，会发现以下几点是员工对企业失去信任的主要原因。

①只承诺，不兑现。我们经常说诚信是立业之本，也是企业赖以生存的生命线。但是现实中却并非是这样，有很多企业给员工很高的承诺，可是后来由于各种原因却一直未能兑现，最终让员工对领导及公司产生不信任。所以，当新的诱惑出现的时候，他的底线就会被无限制地降低，会觉得背叛一下公司也无所谓，反正是公司不讲信誉在先。

②你是我的，我不是你的。很多企业要求员工爱公司如家，可是在惩罚方面却从不将员工当家人。企业要求员工想尽一切办法创造更多的价值，却不给员工分得相应的奖励。正所谓“不给马儿吃草还想马儿跑得快”。尤其，有些企业缺乏严格的考核制度，在员工完成指定任务的情况下，不但没有给予应得的奖励，反而还以“莫须有”的理由对员工进行惩罚，这让很多员工整天忧心忡忡，缺乏安全感。

③死制度，受限制。很多企业缺乏完善的用人机制，没有为自己的员工创造良好的发展空间。有一些企业喜欢论资排辈，或者用人有内外之分，或者是以亲近与疏远的程度来决定职位，却不从业务能力，或者工作态度和绩效方面进行考量。这样只能使员工产生不信任感，不能够充分发挥自己的才智与能力，导致员工的忠诚度降低。

④只干活，不给钱。很多企业也许从创业初期就制定了一套薪水制度，多年过去了，现在的实际情况已经不再适应以前的那套薪水制度了，但是企业依

然沿用旧的制度。过去的薪水制度在资本积累阶段也许有用，但是发展到今天不仅不能够调动员工的积极性，反而会打击员工的积极性，势必造成员工的流失。

当年林秋刚从一家公司离职，准备创业。恰好有一家公司的老总从猎头那里找到了他的联系方式。双方见面后，林秋觉得这个老板很年轻、有魄力，而且思路目标很清晰，很多地方双方都能聊到一起。通过谈话，老板也觉得林秋是公司需要的人才，于是当场就给出了很高的待遇希望林秋能够加入自己的企业之中去。不过由于当时的林秋有自我创业的想法，就拒绝了老板的好意。

年轻老板为了表示出更大的诚意，直接要给林秋10%的股份。但林秋还是拒绝了。后来双方又联络了几次。一天，那个老板请林秋吃饭，席间老板又提到了让林秋到自己公司工作的想法，而且待遇也从原来的10%股份提升到了30%。林秋被老板的诚意打动，答应了老板的请求，加入到了这家新的公司。公司给予员工一定的股份，那么就意味着低工资报酬。所以，在第一年的工作中林秋一直拿着较低的工资。但这没有影响到他的业绩，凭借自己的能力，林秋还是完成了几个大项目，为公司创造了很多利润。林秋一直很努力地工作，因在他心里是把自己定位为公司的股东的。

一次，朋友问他："既然是股东，那签订股份协议了吗？"

"没有，到时候老板肯定会给的。"

朋友笑了，说："你最好去问清楚，别上当了。"

经过朋友的提醒，林秋才意识到自己的疏忽，觉得确实有必要找老板确认一下。结果真的被朋友言中，当林秋问到老板股份分配的问题的时候，老板迟疑了。接着又用各种理由敷衍，现在公司处于发展阶段，办公成本增加，人员成本增加……林秋听出了老板话外之意，主动离开了公司。由于有了自己固定的客户资源，当自己重新创业后，公司很快发展起来。

⑤有沟通，无反应。虽然每个企业都有特定的反映问题渠道，可是很多领导却没有时间看。即使有当面反映问题的机会，可很多员工还是不愿当面向领导提出质疑。一是觉得被老板当场拒绝会让自己尴尬，另外一方面觉得反映问题有可能伤害到其他同事的面子。而通过其他方式反映问题，有可能老板认为不是大问题，没有必要回复，还有可能是压根就没有意识到。反映问题后却没有得到回应，这对员工必定是一种挫伤，会让员工觉得自己是企业之外的人。

虽然每个人都可以做领导，但做个成功的、受人尊敬的领导不容易。一个优秀的领导是个领袖，是个家长，既要有风险意识也要有自律精神；既要为公司利润最大化奋斗，也要为员工谋福利；既要带领团队创造价值，又要关爱团队成员，使他们有内心的激情。听起来这一切非常矛盾，但其实这是一种平衡的艺术，只有那些懂得拿捏有度、修炼到位的人，才能信手拈来，取得成功。所以，作为员工不要只看到领导的风光，不要抱怨领导的不是，也应该看到他们背后的艰辛、压力。而作为领导，在你满足自己需求之前，也要多考虑一下员工、下属的需求，答应你能够做到的，如果承诺了兑现不了，那总有一天你会用其他的东西偿还的。

如何提升员工的忠诚度，下面有几大举措，仅供参考。

①不仅要给你的员工提供一个良好的当下，还要给一个更好的未来。虽然未来还可能很远，但要把一个美好的蓝图展现到他们的眼前。这就需要领导者不仅对未来有一个明确的目标规划，而且要对实现这个目标分哪些阶段、哪些步骤有个明确的认识，包括为实现这个目标已经做了哪些准备，目前的困难该如何克服，未来的困难可能是什么，又已经做好了哪些准备工作……通过这样一系列规

划性的准备，你的员工才能够看到未来，才愿意追随你。

②让你的员工在实现个人目标。也就是说公司在制定企业目标的时候要与员工的理想和目标规划紧密地结合起来，这样员工才能发挥自己的最大能力投入到工作中。因为在这条道路上，不仅有自己热爱的工作，而且还可以在达成公司的大利益时实现自己的价值，一举两得，何乐不为?

③不要使用强制手段，要以德服人。老板的品质决定着企业的品牌。那么，作为企业的领导者就要以身作则，起到带头表率作用。如果老板的品行不端正，必然会遭到员工的抗拒。只有老板依靠自己的魅力征服员工，员工才能心服口服地服从。

④只有正能量的团队，才带能够带动庞大的企业。作为企业领导者一定要树立正确的团队管理观念，让你的员工能够处在开心快乐的工作环境中，你的员工才能有归属感、有激情，才能创造更多的价值。

⑤你的员工就是你企业的家人。作为企业的领导者你不能将你的员工当作只会工作的机器，他们都是有感情、有家人的，如果老板能够给他们更多的关怀，他们才能将公司当家，才能像爱护自己的家一般维护企业的利益。

⑥制度健全，让你的每个员工都有升职加薪当上领导的可能。这点说起来很容易，但做起来很难，尤其没有制度保证的时候更是难上加难。如果制度不健全，就可能导致付出的人得不到回报，不愿付出的人却得到了更多，这种不公平性只会导致员工内心的失衡，严重影响企业的效率。

⑦适时地对你的员工进行培训。好的培训能够帮助员工调整心态，提高工作效率，也能够帮助员工快速成长，这样员工工作起来才能有成就感。愉悦的心情，会让员工对工作充满激情。如果缺少了对员工适时培训，员工就可能对新的工作流程不熟练，从而降低工作效率。

⑧建立强大的信赖磁场。在企业管理的过程中，要权责明确，让每一个为企业付出的人都得到应有的回报，让每一个员工都能够成为企业的主人，这样才能激发员工的巨大潜能，才能对企业产生信赖，才能有责任感、自豪感，才能尽心尽力地去工作，提高工作效率。

每一天的努力，只为目标而奋斗

理想还是要有的，万一实现了呢?

每一个企业都应该有远大的目标，但远大的目标并非是万能的。很多有远大目标的团队在激烈竞争中被淹没了，而有的团队则在激烈竞争中迅速崛起，带着更大的目标再次投入到新的竞争中去，满载而归。这不禁让人产生一个疑问：同样都具有远大的目标，为什么有的团队成功了，有的企业却失败了呢?

答案是，只有宏伟的目标，没有具体的计划，没有脚踏实地地去奋斗，无论多好的梦想也是空中楼阁。只有以企业的大目标为指南，将大目标分成若干小目标，然后不遗余力地去奋斗，完成每天的小目标，将目标带来的无限引力融入每天的工作之中，才能形成积极的团队文化，才能让企业这个大团队真正地高速运转起来，才能最终实现大目标。

有人曾经做过一个专项调查，问员工最需要自己的管理者做什么，结果80%的员工都希望团队的管理者能够确定团队发展的目标或方向；而问团队管理者最需要员工做什么，结果几乎85%的管理者都期望自己的成员能够朝着同一目标前进。

一个好团队应该拥有清晰、明确的发展愿景，团队员工都具有强大的行动力和目标性，团队的发展也是有序、有目的的。

有一家策划公司，仅仅用不到20人的团队，却创造出了上亿元的价值。这个公司主要是为全球著名的企业提供咨询服务。虽然这个企业已经做得很棒，但他们的老板仍然每天都召开一次晨会，对全体员工进行目标鼓舞。在他看来，士气比武器更重要。在一次晨会中，他对自己的员工大声询问："你想改变别人的命运还是被别人改变自己的命运？"员工们异口同声地说："我们要改变别人的命运！"这位年轻的老板又喊道："那就让每周的工作变成90个小时吧！"这激情高涨的鼓舞让员工们个个热血澎湃。员工们每天都充满激情地向着自己的目标前进，大家都愿意把更多的时间和精力投入到研发和生产中去，这使得他们的工作效率是任何一家咨询公司无法比拟、望尘莫及的。

我们都知道乔布斯是改变世界的天才，他以自己的聪明才智不断创新，改变了全球资讯科技和电子产品的潮流。他当初给苹果团队就树立了一个远大的目标——创造改变世界的产品。正是这个清晰的目标，让他的团队更加坚定，更加优秀，为他赢得了全世界的赞誉。

当年乔布斯为了让斯卡利加入自己的团队没有少费周折。斯卡利是一个顶尖人才，在30岁出头就成为百事可乐的营销总裁，而且还登上了《商业周刊》的封面，不到40岁已经成为百事可乐掌门的候选人。

正因他的才能出众，很多著名企业都想挖走此人，乔布斯也不例外。在很多人看来斯卡利不可能离开百事可乐，就连斯卡利自己也这样认为。

所以，当乔布斯将自己的希望、目标和苹果未来的发展规划告诉斯卡利并请他加盟的时候，他拒绝了。虽然苹果公司的希望、目标、未来的规划都让他热血沸腾。斯卡利的拒绝虽然让乔布斯有些失望，但也在情理之中，他没有泄气，而是用坚定的眼神看着斯卡利一字一句地说：“我就问你一个问题，你是想卖一辈子的糖水，还是跟着我们改变世界？”

是卖糖水，还是改变世界？这远大而迷人的目标像兴奋剂一样流进了斯卡利血液，他全身都沸腾了。

几天之后，斯卡利加盟了苹果，他的加盟跌破了许多人的眼镜。但是，对于斯卡利来说这却势在必行，他说：“如果我没有接受苹果的请求，我可能会永远陷入深深的自我怀疑中，每时每刻都思考自己是否真的失去了改变世界的机会。”

事实上，说服斯卡利的不是乔布斯，而是苹果公司迷人而远大的目标。远大的愿景，对于团队来说是一种梦想的力量，它引导人们积极向上，引导人们为了自己的目标而努力奋斗，引导人们去努力追求。

当一个企业拥有伟大的目标，并坚定不移地去实现的时候，它潜移默化地改变了很多东西。

我们经常能够看到企业内部在为一个问题争得面红耳赤，由此并不能简单地判断谁对谁错，因为每个人都有自己的价值定位。但是企业远大的目标可以将这些人的不同的价值观统一起来，让他们能够不再争论，而是达成共识，一起向企业的目标努力。

远大的目标可以吸引具有相同理想和目标的人都能加入到这个团队中，使他们对企业共同目标达到认可，然后将自己的理想与目标相结合，通过实现企业的目标来实现自己的价值。

企业树立远大的目标，不仅可以统一价值观念，而且当外界的环境对企业及员工整个价值观有冲击的时候，它不仅可以保护员工与企业的价值观不变，而且能够强化大家的观念，不至于大家在迷茫的时候失去方向。

预警机制，降低关键岗位的风险

每个公司的老板都渴望能够拥有人才。这样的人才不仅是自己的知己，而且有着同频的观念、卓识远见、创新意识，甚至老板一个动作、一个眼神对方都能够明白其中的意思。不仅如此，他们在职业技能方面能够独树一帜，不可替代。

可是很多时候，这样的人才往往出现在竞争对手的团队中，这让所有公司的领导耿耿于怀，尽管用尽各种手段想挖掘这个人到自己的公司为己所用，却多数还是无功而返。同样，当自己的团队中有这样人才的时候，领导者也会担心被别的公司以更好的福利待遇挖走。这些关键岗位人才的流失，带来的是组织核心能力的削弱甚至丧失，其风险是毁灭性的。所以，这使得建立关键岗位的预警机制成为了必要。

事实上，员工从萌发离职念头到实施离职行为离开企业，都会经历一个心理冲突、挣扎和行动的过程。而这一过程可以分解为不满、行为改变、身体撤出、心理撤出等具有渐进撤出特征的四个阶段，渐进性即个体在上一阶段中没有取得成功时，才会进入下一种状态。员工的流失，是企业内外各种因素综合作用的结果。

一、不满阶段。在初始的不满阶段，员工体验多为认知上的冲突和情感上的不愉快，原有工作态度受到动摇而处于不稳定状态，这个状态是不易被观测和察觉的。由于不满的程度还达不到从本质上影响员工的工作积极性和创造性，所以工作的绩效水平在这个阶段也不会有太大程度的改变。但是，随着不满意程度的提高，员工的行为可能会进入更高层次的工作撤出。

二、行为改变阶段。行为改变阶段中的员工有强烈的改变自己不满的冲动，并对改变获得成功充满信心。在这一阶段，他们的心理活动开始变得明显，比如很容易和同事产生冲突，情绪不稳定，工作的兴趣和参与度也相应降低，工作绩效开始下滑。但这个阶段，员工还没有完全离职的想法。

三、身体撤出阶段。这个阶段是整个离职过程的分水岭。在以上阶段持续一段时间之后，员工的个体认知、态度已经有了十分明显的变化，这个时候标志着员工对于离职已经做好了相应的准备。在工作中也常常带有厌倦情绪和抗拒情绪，如缺勤、迟到、早退等违纪行为以及故意不接受批评、毁损企业形象，甚至是泄露商业机密等败德行为。这时候的员工对于工作认同感是急剧下降的，工作业绩的好坏、绩效水平的高低已不再是他们内心关注的重点，因而绩效水平大幅下降。

四、心理撤出阶段。在这个阶段里，在自我价值不被认同和外部各种因素的双重作用下，关键岗位的员工对工作和组织的兴趣几乎完全消失，已停止了一切尝试改变的行为，导致对工作和团队的心理排斥达到一个新的水平，在心理上将自己与其所从事的工作彻底割裂开来，认为企业利益和绩效水平与自己完全无关，此时员工不仅有坚定的离职信念，而且也会积极做好离职的相应准备，他们不再对企业做善意的或恶意的评论。

预警机制仅仅能做出评估一个员工是否会离职的预测，还不能完全阻止关键岗位人才的流失。那么，作为企业管理者又该如何防范自己手中的人才流失呢？

第一，让企业关键岗位的技术人才成为企业的股东。通过这种手段将双方的权责紧密地联系在一起，形成利益的共同体，这可以说是最稳固的方式。

第二，签订竞业禁止协议。所有在关键岗位上的员工在就职之前都应该签订竞业禁止协议，以明确的法律条文形式达成约束，防止人才的流失，防止将企业的内部机密带入到其他的企业，给自身企业造成巨大的损失。

第三，为关键岗位培养“备胎”。为了防止关键岗位人才的流失对企业造成损失，一般要为企业的关键岗位培养“备胎”，这样不至于因关键岗位人才的离职，让企业核心部位出现瘫痪的状况。“备胎”可以是企业内部的，也可以是企业外部的，关键的一点是他对企业核心技术要烂熟于心。企业内部的“备胎”已经通过轮岗、定岗的方式培养。当然，对关键岗位上的资料也需要“备胎”，这样不至于因人才的流失让企业机密性文件一无所有，即使有侵权官司，也好有理有据，占据上风。

第四，建立诚信保证金制度。就是在给关键岗位的员工发放工资的时候，不需要全额发放，应该扣留下一部分，这样即使离职了，在规定的年限内没有泄露商业机密再逐步发放，如果违约则可以停止发放，这对关键岗位的员工也是一种约束。

第五，要对在关键岗位上的员工进行充分的人文关怀。作为企业的管理者要及时对关键岗位上的员工进行探望，帮助他们解决实实在在的生活、工作中的困难，给他们一些额外的福利。总之，用感情留人是最靠谱的方法。当然，将公司的远景告诉这些员工，让他们对企业充满信心，这样才能形成凝聚力，才能加速企业的发展，也是留住人才的方法之一。

关键岗位的员工一定要有正能量

当下，各行各业的竞争日趋激烈，对企业与员工的要求也越来越高。这时候，就需要用正能量来调节员工的工作心态，用正能量鼓舞员工的工作士气，用正能量来降低企业的运行成本。因为拥有正能量的员工会始终保持积极的心态和高昂的斗志，总能最大限度地发挥自己的能量，不断给企业创造更多效益。

很多时候，正能量能够让人爆发出难以想象的工作能力。当你脸上饱含微笑，带着高昂的斗志去工作，你会发现很多原本不可能做到的工作其实并不是那么难以完成，你会帮企业创造出你所能想象到的一切奇迹，你的内心也将会因此洒满阳光。

曾经有人对正在工作的煤矿工人进行调查，当他走到第一人时，他问："你在干什么？"这个人回答说："你瞎了眼睛，没看见我在挖煤吗？这是人干的活吗？又脏又累，整天不见太阳。"当他走到第二个人时，他问："你在干什么？"第二个人回答道："我在挖煤。没办法啊，家里上有老下有小呢，幸亏一个月还有2000多元工资。为了养家糊口，不得不干啊。"当他走到第三个人时，他又问道："你在干什么？"第三个人大声回答道："我在挖煤！我挖的煤是用来发电的，它不仅给千家万户带来光明，而且不会让雪灾地区的人们因冰冻天气受冷，还可以确保领导人在彻夜工作时不会点蜡烛！”

这是工作中的三种截然不同的态度。第一、第二个人都不会认真负责地完成好自己的工作，而且工作中还很可能出现差错和失误，他们是以一种消极应付的态度来对待自己的工作，只有第三个人是带着正能量做自己的神圣工作。他不仅能保质保量地完成好自己的工作，而且也享受做工作带给他的快乐。三种不同的工作态度，必然产生三种不同的工作结果。

很多员工在工作的时候，常常是抱着得过且过的心态。这是一种非常错误的思想，会给工作带来巨大的危害。而优秀的员工在工作的时候，总是带着强大的正能量，总会以最饱满的热情和最认真的态度去工作。他们的辛劳和奉献，让企业不断地成长与进步。有他们在，最终必然会做大做强！

有一则经典励志寓言《会飞的蜘蛛》，明确地告诉了我们正能量的巨大作用：

一天，一只黑蜘蛛在后院的两檐之间结了一张很大的网。难道蜘蛛会飞？要不，从这个檐头到那个檐头，中间有一丈余宽，第一根线是怎么拉过去的？后来，我发现蜘蛛走了许多弯路——从一个檐头起，打结，顺墙而下，一步一步向前爬，小心翼翼，翘起尾部，不让丝沾到地面的沙石或别的物体上，走过空地，再爬上对面的檐头，高度差不多了，再把丝收紧，以后也是如此。

蜘蛛不会飞翔，但它能够把网结在半空中。它是勤奋、敏感、沉默而坚韧的昆虫，它的网制得精巧而规矩，八卦形地张开，仿佛得到神助。这样的成绩，使人不由想起那些沉默寡言的人和一些深藏不露的智者。于是，我记住了蜘蛛不会飞翔，但它照样把网结在空中。奇迹是执着者造成的。

蜘蛛之所以能够把网结在后院的两檐之间，并不是因为它会飞，而是凭借着它的执着和坚定，凭着它的正能量！只要我们带着正能量工作，在工作中尽心尽力，全力以赴地去做好每一件事，就一定能够创造出奇迹，我们的企业就一定能做大做强！

发挥正能量，会使你充满活力，工作会干得有声有色；正能量不足，会使你垂头丧气，工作会干得黯然失色。请记住这样的一句话："无论做任何事情，都应遵循的原则是：追求高层次。你是第一流的，你应该有第一流的选择，在工作中加入'正能量'三个字。"

同样被关押在狱中，悲观的人只看到了地上的泥土，而乐观的人看到的是满天繁星。同样，在企业遭遇困难的时候，拥有正能量的员工看到的是满天繁星。

所以，带着正能量工作，员工可以战胜各种各样的困难，帮助企业走过那段最艰难的路程……

曾经有这样一句名言："要想获得这个世界上最大的奖赏，你必须像最伟大的开拓者一样，将所拥有的梦想转化成为实现梦想而献身的能量，以此来发展和销售自己的才能。"

这话说得很直白，却非常有道理。如果你想实现自己功成名就的梦想，发挥自己的才华，让你的才华为世人所承认，那么你就必须要释放出全部的正能量。

凭借着正能量，一个团队去做往往能创造奇迹。因此在团队中，我们要充分发挥正能量，把我们的团队、我们的企业打造成钢铁长城，在市场竞争的风浪中巍然屹立。

PART 3

关键岗位要有“自己人”

什么样的老板最潇洒呢？自然是无为而治的老板。那么，关键岗位找什么样的人才能让老板能够当甩手掌柜呢？当然是“自己人”，这里的“自己人”并非特指企业家自己的亲戚朋友，而是与企业家有着共同的目标，同频的思想，并且能够达到心有灵犀一点通的默契的员工。这样的员工不仅有全局意识、危机意识，而且善于换位思考，能够绝对服从，在企业关键时刻能够赴汤蹈火，这样的人才非“关键岗位”莫属。

没有绝对服从就没有强大的团队

服从，自古到今都是军人的天职，在任何时候都要求军人无条件地接受服从，哪怕是领导的错误决定先服从后纠正。在西点军校有一个广为传诵的传统，当学员面对军官问话的时候，只有四种回答：是、不是、不知道、没有任何借口。除此之外，不能多说一个字。这个传统就是西点军校所推崇的服从理念。它强化的是每一位学员想尽办法去完成任何一项任务，而不是为没有完成任务去寻找借口，哪怕是看似合理的借口。秉承这一理念，无数西点毕业生在人生的各个领域都取得了非凡的成就。

服，当上司发出任务的时候一定要充分理解上司的意图，明确自己的任务，要充分信服。如果你不能做到这个字，那么你就可能会拒绝上司布置的任务，或者你接受了，但是却心有抵触。那么，最终结果，不但分配给你的工作没做好，甚至上司也会对你的工作能力产生质疑。

从，在做到第一个字的基础上，我们就应该去做好第二个字。当你对上司交代的任务信服之后，就要想办法去做好这项工作。你可以在“服”的阶段提出你的疑问，但是，到了“从”这个阶段，你要做的就是想办法去克服一切困难，最终去完成你的工作!

在很多的企业制度中，员工不能老想着去改变公司的制度，而要切实遵守，和公司保持一致，尊重公司，以公司为骄傲。只有这样，你才能成为公司不可或缺的人。与之相反，有的人则利用公司的旗号经营自己，他成天忙来忙去，总是收到各种各样的礼品、请柬。这样下去，他就会日益傲慢，钻营妄为。可以预见到，他将成为一个这样的人：贪婪、以自我为中心，把个人利益凌驾在整体利益上，这样的人早晚会被公司解雇，并且其他的公司肯定也不会接受他。任何人都应该在个人的发展中和公司共同进步，而不是疏远公司。

一个充分独立和富于完备权力的人应该具备如下的品质：不逃避责任，面对挫折毫不气馁，勇于正视公司的一切困难，敢于担负耻辱。

一切在困难时还企盼自由翱翔的人都要学会服从，自觉与公司规章保持一致。要牢记：如果没人出来承担失败的责任，那么可能永远都没有可以分配的利益。同样的道理，你要成大器的话，就要首先甘愿做小人物。只有那些不管在什么时候都和公司站在一起的员工，才可以得到最高的荣誉和奖赏，也唯有这样的人，才会成为公司的骨干。

从前有一个人在自己的小屋睡觉时，突然房间充满亮光，上帝显现了，并承诺他为他做一件事。但上帝指着屋前的一块大石头，告诉他说，只要尽全力去推那块石头就行了。

于是这个人用他的肩膀紧紧地抵住那块粗糙、冰冷又纹丝不动的岩石，日复一日地履行上帝赋予他的任务。每天从日出到日落，他都使尽全力辛苦地推石头，每到夜晚，当他回到自己的小屋时，总是浑身疼痛又筋疲力尽，感觉好像每天都徒劳无功，就这样过了好几年。

这时撒旦注意到他出现沮丧的情绪，于是决定插手介入，撒旦在他的心中植入一些负面的想法："你推那块石头那么久了，但它连动都不动一下。干吗把时间浪费在这上面？这块石头是不可能移得开的。"撒旦让他感到这项任务不可能达成，他是一个失败者。

这些想法让那个人更加灰心沮丧。"为什么要卖命做这种事？"他告诉自己，"我还是会继续做下去，但只用最少的力气就好了。"

他内心一直盘算着要那么做，直到有一天他决定向上帝祷告，把他的困扰告诉上帝。"上帝！"他说，"我已为您效力很久了。我费尽全力去做您所吩咐的事，可是推了那么久，那块石头却一动不动。这到底是怎么回事？为什么我推不动那块石头呢？"

这时上帝慈悲地回答说："我的朋友，当初我要求你的工作，只是要你尽全力去推那块石头而已，我从未要求你把它移开。你的任务就只是推那块石头，而你已经做到了。现在你来到我的面前，诉苦说自己筋疲力尽，而且任务失败。不过，真的是这样吗？看看你自己！你的手臂变得更强壮有力，你的背黝黑发亮，而你的手长出厚厚的茧来，腿也变得结实粗壮了。经过不断的磨炼，你已经成长了许多，拥有了强大的体魄。的确，你没能移动那块石头，但你的任务是服从，是去推石头，锻炼你对我的智慧的信心和信赖，而这点你已经做到了。"

有时候虽然没有成功，但是他服从了，坚持了，同样也是一种成功！

李楠是公司的一名新进员工，而且是最年轻的员工，工作非常勤奋，但和其他职员相比仍略显稚嫩。由于业务增多，公司准备开拓一个新市场，但新市场的负责人迟迟未能确定下来。新市场选定在一个非常偏僻的地方，而在这样的地方开辟市场是一件相当困难的事。因此没有一个人愿意接受这个艰巨的任务，生怕徒劳无功。公司物色了很多人选，但统统被他们以各种理由推托了，无奈之下，公司的负责人只好退而求其次，派默默无闻的李楠去执行这项任务。李楠接到通知后没有任何怨言，带着公司生产的产品样本就出发了。经过3个月的努力，李楠终于在那个人人都觉得产品很难有销路的地方使公司的产品站稳了脚跟，还预言那里的市场有更大的发展潜力。当李楠把这个令人振奋的消息带回公司时，人们惊奇地问他是如何看到那里的开发潜力的。李楠浅浅一笑说："其实在出发时我也没有信心，而且觉得你们的观点是正确的，但我必须服从公司的安排。到那里后，我知道我必须全力以赴地去执行我的任务，结果我成功了。"

可见，真正的服从应该是无条件的服从，是没有任何借口的服从，只有这样才能产生惊人的力量。无论遇到什么困难绝不找任何借口推托或搪塞，这是取得成就的前提和基础。

记住：不找借口地服从并执行的员工才是最好的员工。成功只青睐勇敢战胜困难的人，懦弱的人永远不可能成功。

一个企业要发展，就要求员工必须坚决服从企业的安排，拖沓、不负责任的员工可能给企业带来巨大的损失。服从是员工的天职，是员工应该具备的素质之一。服从上级安排是员工的第一美德，是工作中的行为准则，是锻炼工作能力的基础。同时，服从也是工作的推进剂，能给人的行动催生无穷的勇气，激发人的潜力。员工只有具备了这种服从精神，才能提高自己的执行能力。有些人总是遇到困难就停滞不前，甚至拒绝面对。殊不知，困难像弹簧，看你强不强;你强它就弱，你弱它就强。无论面临什么困难，我们都要勇敢地去克服，成功就在不远处等着我们。

可是，在职场中我们还经常看到一种现象就是员工并不服从领导的安排，这让管理者很头疼，那么如何去管理这些不服从自己的员工，我想了以下几点措施，希望对大家有用。

首先，当员工不服从你的安排的时候，不要强行让他服从，你要做的就是弄清楚他不服从的原因到底是什么，只要找到根源一切问题都好办了；针对不同的事情，不同的员工，应该采用不同的手段去应对，重心理，轻理论，问题要解决，但是不能又在员工的心中埋下一个大疙瘩；学会彼此让步，不要由于一个问题没有解决彼此都顶着，这样不仅问题不能解决，反而会将矛盾越堆积越大，最好的办法就是彼此都让一步，让问题尽快地解决；带团队其实就是带人心，你要想带领好企业的团队，你必须了解每个成员的秉性，抓住他们的心，然后投其所好，第一次降服了，后面的一切都容易了；每天抽出半个小时找一个员工聊天，当然也可以是一起吃饭喝咖啡，至于聊什么样的内容，随你个人，可以是工作方面的，也可以是家长里短的，当然作为企业家要以听为主；将成员进行分组，让组与组之间进行竞争，这样才能让他们绷紧神经去工作，一旦让他们闲下来，他们就可能干坏事；制度在前，开会在中，谈话在后，功夫做足，避免问题发生，没人犯错最好，有人犯错，事先准备好材料，一定要把员工说得心服口服，同时事先安排好你的亲信，给他求情，作为公司不能随便开除人，更何况工作上可能还是个主力呢!

用心去执行，将工作干到极致

当我们还在上学的时候，老师总是教导我们要用心去学习。用心学习不是为了读书而读书，也不是为了算对一道题而算，用心学习其实就是要求我们脚踏实地，全身心投入，将自己的心融入学习的每个环节，这样才能使学习达到事半功倍的效果，才能真正将书本的知识消化吸收变成自己的知识。

同样，在工作的过程中也应该用心去工作，而不是为了工作而工作。用心就是我们要用心领悟工作的原理，融会贯通，当在工作中再次遇到类似的问题时，会在顺其自然中得到很快的解决。如果不用心去工作，只是为了应付老板的检查敷衍地去工作，这次凑合解决了问题，当下次再遇到同样问题的时候，未必能够找到正确的解决问题的方法。成功者之所以成为成功者，关键在于成功者用心做好每一件事情，从来不敷衍了事。用心做事是做好事情的基本要素，也是做事的最高境界。有人做过一个这样的实验：对着一杯清水大发脾气，大肆谩骂，然后再将它倒入埋有种子的花盆中，结果发芽率只有45%；当温柔地用心地去对着一杯子水微笑，语重心长地讲话，然后将其倒入埋有种子的花盆，结果发芽率达到了85%以上。可见，毫不用心的讲话，感动不了水，更感动不了种子，自然不可能保障发芽率，只有用心去讲，才能打动人。其实，做人和干工作都是如此，只有用心去做事，才可能有收获。

记得大四实习期间，我被安排到一家建筑工地，整天处在尘土飞扬和叮叮当当的嘈杂声中，和清净优雅的校园相比简直是天壤之别，我很讨厌这里，急切地想离开这种环境。于是，我和工地上的领导打好招呼，让他给我开好实习证明，然后去环境好的地方游玩。当快要提交实习报告的时候，我胡编乱造了几万字交了上去。可是，没有想到第二天我的实习报告被我的班主任老师退了回来，让我重新写一遍，这在我所在的学校历史上都是罕见的，因为没有任何一个老师去为难一个即将跨出校园的人，但我就是这个例外。我当时特别生气，找到了班主任老师问原因。班主任对我的质问，只说了一句话：用心做好你应该做的事情。

于是，我再次回到了建筑工地，吃穿住行都与工地上的工人一样。早晨很早起床一起劳动，中午在一起吃着粗茶淡饭，晚上下班之后，我们光着膀子在一起侃大山，甚至在偌大的浴池中很多人一起光着屁股洗澡。我坚持了半个月，我的实习报告终于完成了。当我再次回到学校的时候整个人瘦了一圈。但是，班主任并没有给我解释什么，只是说：总有一天你会懂的。

当时，的确我没有明白。在社会上正式工作了两三年之后我才终于明白了班主任的良苦用心，如果没有他教我如何用心干好自己应该干的工作，我不可能有今天这点小小的成绩。现在回想起来，那段时间的经历丰富了我的人生阅历，使得我懂得了什么是劳动的艰辛，知道了怎样才能把自己由粗糙的铁块锻造成一块好铁，懂得了一个永恒的主题：用心去打拼。可见，只有学会用心，工作才能有责任心。如果一个人干工作不用心，疏于学习、怠于思考、得过且过，很难把工作做好。

公司的张经理就是这样一个人。他上任之初并不是搞维修的，而是在生产部门当经理。在他上任之后，先是花了一段时间去学习和了解各个工作之间的衔接关系，自己琢磨了很久，有些工种忙闲不均，是否可以通过培训来提高员工的岗位兼职能力？在他看来，原来三个岗位上的工作，如果让两个人来完成，就相当于节省了一个人的成本投入，同时也提高了这两个人的工作能力，而且也会增加他们的收入。原来的岗位设置上没有专职的维修员，当设备损坏的时候，只有车间的几个师傅，谁有空谁就去维修，有时候也会耽误生产效率。能不能设置专职的维修员呢？通过对多台设备维修周期、维修时间的调研，张经理决定申请设置专职维修人员，虽然多了一个人，但从长远看却提高了整个工厂的工作效率。

张经理一直对自己的管辖范围进行改进。虽然难度很大，但他积极用心的态度让大家很感动。车间遇到问题，只要张经理出手必定能够解决。后来，张经理觉得如此大的部门如果每个人都能够想到改进该多好！于是，他找公司领导商量，采取了“用奖励建议管理办法”，对每个员工提出改进工作效率，降低成本的建议都加以奖励。大家的积极性都被调动了起来，经常有人向单位提出更好的建议。管理层有时不如员工层对细节把握得清楚，所以有不少降低材料损耗的建议都来自基层，给公司带来很大的好处。

在这里张经理不但自己积极地去思考改进，还带动了员工们。这就是一种很好的向上的力量辐射，每一个员工都希望得到肯定，在他们说出自己的想法和建议时，张经理实时地给予表扬和物质奖励，从不打击他们的积极性，这样就营造了一种向上的、积极的团队氛围。

可见，一旦不“用心”做事，做起事来往往就会不诚实，敷衍了事。敷衍的工作，不但降低了工作的效能，而且还会使人丧失做事的才能。这样，人们最终必定会轻视他的工作，从而轻视他的人品。所以，不“用心”做事，是摧毁理想、阻碍前进的最大拦路石。用心是一种注意力、思考力的集中，是一种认真负责的态度，是一种不达目的不罢休的意志。它体现为一种工作的投入，一种做事的激情。用心做事是人生在世求得生存发展的基本准则，是敬业爱业、干事创业的基本条件。任何工作和事业，只要用心去做，就没有做不成、干不好的。用心工作，用心生活，用心对待朋友，用心处理生活中每一个小的环节……当你用心了，你会发现，你的身边每一件事都变得有意义，变得很美好！

同频的目标，成为前进的动力

每个企业的领导者都希望自己的员工能够与自己同频，这样他在管理上就会省好多事儿，他不需要对一些事情反复强调，可能一个眼神、一个动作，员工就知道是什么意思，然后尽心尽力做好让老板满意。不仅如此，更重要的是他们还有共同的目标与理想，并且在为了实现理想的过程中能够不约而同将劲儿往一个方向使，这样不但能够很快实现企业的目标，同时也实现了老板与员工的价值。当然，真正能够达到这样默契的员工少之又少，一旦遇到这样的人，很多领导者都会就像对待“自己人”一样，这里的“自己人”所起到的效果与“心腹”一般。

作为一个企业团体，要实现一个目标必须需要更多的“自己人”的相互协作才能完成。可见，相同的目标是企业团队存在和发展的基础，共同的目标才有可能凝聚出一股不可战胜的力量，这种力量战无不胜，攻无不克。

就连著名的企业家柳传志也这样说：办企业有点儿像爬珠穆朗玛峰，目标是爬到山顶。不管是从北坡上，还是从南坡上，都能爬到山顶。但你做企业，你的队伍总不能一半人从南坡上，一半人从北坡上，这是不行的。大家要从同一个方向朝目标前进。只有这样，这个企业才会在竞争中有获胜的机会。

有了目标只是团队管理的第一步，更重要的是第二步，让团队成员为达成目标而努力地工作。

秦昊在最初创业的时候，遇到了一个最大困难。这个困难不是缺少资金，也不是没有渠道，而是缺少人才。毕竟，一个人的能力再强，也不能有三头六臂，总有忙不过来的时候。就在这个时候，他遇到了一个贵人——刘文东。他们是在一次聚会上认识的。虽然是第一次见面，但是总有一种一见如故的感觉。刘文东告诉秦昊，他刚刚辞职准备创业。正在创业艰难期的秦昊对人才正好求知若渴，于是就详细地问了问他打算创业的项目，创业可能遇到的哪些问题以及打算怎么解决。还包括对该行业未来的发展前景的展望，未来三到五年的目标和规划。刘文东对秦昊提出的问题给予了圆满的回复。而这些正好与秦昊当初创业的想法不谋而合。

就这样，秦昊郑重地邀请刘文东到自己的公司来，并承诺给出相应的股份。开始，秦昊并没有让刘文东立刻答复，而是让他冷静下来好好想想，决定好了告诉自己。从那次酒局之后，他们二人又针对合伙干事业、企业未来的战略目标等问题进行深度交流。刘文东也多次到秦昊的公司进行实地考察。最终，刘文东和秦昊达成协议，由刘文东负责渠道，秦昊负责生产，在他们共同的努力下，公司发展良好，不久就成了城市标杆企业。

人各有志，在一个团队中每个人都有着不同的追求，有的人追求金钱，有的人追求地位，有的人追求的是归属感。很多企业失败的原因就在于他们未能建立属于团队的共同目标，只有个人的追求，或者只有极少数人的共同目标在呼喊，因而未必能够起到真正的作用。很多失败的教训告诉我们：团队合作中需要找准所有人的共同点，制定出与大家息息相关的共同目标。

需要强调的是，很多失败的企业在创业初期都有正确的目标，可是在具体落实的过程中却跑偏了。正如那句话：出发得太久，忘记了当初的理想。

那么，作为企业家，跑偏了目标该怎么办呢?

首先，要统一思想。如果团队的思想不能统一，你往西他往东，这样不仅不能达到合作共赢，而且可能降低企业的效率，进而影响到企业的发展。所以企业领导者一定要让你的员工与你达成共识。

其次，统一规则。一个团队管理必须要有明确的规章制度，员工该做什么不该做什么都要有明确的限制，不能做突破企业团队底线的事情。

第三，行动要统一。一个团队在行动的时候要相互沟通与协调，让行动统一有序，使整个流程合理衔接，每个细节都能环环紧扣。

人一生都要经历出生、成长、发展、顶峰、衰败、死亡的过程，企业也是如此。很多企业领导者由于经营有方，让自己的企业一直处于成长与发展之间徘徊，因为他们知道一旦企业达到顶峰，必然面临着衰败。可是，还是有很多企业在经历了顶峰时期，不可逆转地走向了衰败。此刻，采取什么样的手段，才能够与员工达成共识，携手拯救企业于水火之中?

第一，要对自己的团队进行详细的摸底分析。在摸底的过程中向更多的员工征求目标意见，这样做员工就会有参与感，他们觉得这不是别人的目标而是自己的目标。另外，通过摸底可以获得员工对目标的认识，也就是说大家共同的目标是能够为企业做些什么。这样可以获得员工在未来关注什么，团队成员能够获得什么，以及团队成员在共同认识之下如何发挥自己的聪明才智。

第二，要对获取的信息进行加工，不可盲目使用。在收集员工的相关信息之后，不能将员工目标定为大家统一的目标，而应该就个人提出的各种观点进行思考分析，然后进行总结，给自己留下一点空间。

第三，与团队成员讨论目标表述。与团队成员讨论目标表述是将其作为一个起点，通过成员的参与，而形成最终的定稿，以使获得团队成员对目标的承诺。这虽然很难，但却是不能省略的。因此，团队领导应运用一定的方法和技巧——比如头脑风暴法，确保成员的所有观点都讲出来，找出不同意见的共同之处，辨识出隐藏在争议背后的合理性建议，从而达成大家的共同目标和个人目标共享的双赢局面。

第四，对共同目标进行阶段性的分解，树立一些过程中的里程碑式的目标，使团队每前进一步都能给组织以及成员带来惊喜，从而增强团队成员的成就感，为一步一步完成整体性共同目标奠定坚实的信心基础。

在企业中目标就像灯塔，为航船指明前进方向，并能给航船以前进的精神鼓励。在鼓励员工为之打拼之前，领导者应该有一个明确的目标，并且为企业的每一个成员都制定一个定性定量的目标，让员工的激情与能力能够有的放矢。同时，还要把员工统一到队伍中来，这样才能充分地发动每一位员工为企业的整体目标而奋斗。

关键时刻，能够为了企业赴汤蹈火

一只蚂蚁掉在了水中拼命挣扎，眼看就要被急流冲走。恰在此刻，一只鸽子看到了，立马扑到水中将蚂蚁救上了岸，然后鸽子飞走了。若干天之后，鸽子停在树上休息。此刻躲在草丛里的猎人悄悄地将枪瞄准了鸽子，可鸽子丝毫没有察觉。就在扣动扳机的瞬间，猎人哇的一声尖叫，手指一阵刺痛，枪一抖，子弹射偏了，没有打到鸽子，鸽子飞走了。猎人狠狠拍掉还停留在手指上的蚂蚁，掉了一条腿的蚂蚁跌落在草丛之中。原来，蚂蚁看到猎人要打自己的救命恩人，使劲在猎人的手指上咬了一口，因此救了鸽子。

虽然这是个寓言故事，但也说明了一个问题，那就是要知恩图报。只有懂得知恩图报的人才能在你最困难的时刻为你赴汤蹈火、出手相救。如果你就是那只鸽子，但你不去救蚂蚁，也许你就成为了猎人枪口下的美味了。如果你就是那只蚂蚁，因为有了鸽子才保住了生命，那么你生命的意义就又多了一层含义——去帮助救过你命的人。

同样的道理，很多企业家在做管理的时候，非常渴望身边有一些能够为自己赴汤蹈火的员工，可是想遇到的这样的员工少之又少。反过来再想想，你作为企业的管理者何德何能让你的下属服气你，并且能够心甘情愿地为你付出呢？

比如，签一单对员工自己没有太大的影响，但是对企业家来说影响和意义非常重大，那么员工会不会为了你工作到凌晨只为了签这一单。换句话说，如果你开口之前，是否你的下属会很乐意地按照你的意思去做这件事，如“只要你开口，我就愿意去做”。这就意味着员工愿意为你而赴汤蹈火。如果更多的是“因为你交代了，所以我去做”这就意味着并非员工愿意去为你做只因为你交代了，他不得不去做。

多年之前，我在一家报社工作的时候，有一天早晨接到了一个企业的老板的电话，他告诉我自己库房着火，一个门卫奋不顾身将火扑灭了，这件事他觉得应该报道出来，感谢更多的在平凡岗位上默默奋斗的员工。

当时，我听了之后觉得没有什么新闻价值，虽然嘴上答应着去采访，可并没有过去。中午的时候那个老板又打电话来催我。第二天一早又接到他的电话，我只好干脆告诉他，自己可能没有时间过去。但是老板很诚恳地邀请我去采访报道，最后一句话让我有些触动，他说：“这几天可能就是那位员工在世的最后几天了。”

当我到达医院的时候，看到那名救火的门卫躺在床上，全身缠绕着纱布，但意识还算清晰。对于我的采访，他什么救火的事也没有说，只是给我讲了一个故事：

“若干年前，我染上了赌博。可是十赌九输，我负债累累，为了偿还债务，我拼命借钱再去赌博。就是想通过赌博赚钱的方式来偿还欠别人的钱，我一直相信我会赢回来。可是，这个机会我一直没有等来，等来的是越来越高的债务。债主到处追着我要钱，没有办法，我只能东躲西藏。

“有一天，我被债主和他带来的一帮人堵在了胡同，我无处可逃。最终被债主的人打断了腿。我一个人躺在地上动弹不得，路上的行人很多，但没有一个人愿意帮我一把。直到天快黑了，一个人出现了。他穿着破破烂烂的衣服，口袋里装着半个馒头。他看到我浑身都是血，就将自己的馒头掏出来给了我。我饿得发昏，就狼吞虎咽地吃了。看着我可怜，他又搜遍了全身终于找到了10块钱，犹豫了一下，给了我，让我买点吃的。当时，我有些贪心，希望他多给点。可是他无奈地说，自己打工三四个月了老板没有发一分钱，现在连老板都失踪了，身上仅有的10元钱给了我，他回家二三十里路只能依靠步行了。

“这个人就是我现在的老板。我伤好之后，依然清晰记得老板的样子。于是，我觉得我应该想办法报答曾经帮过我的人。可是，由于残疾我找不到好工作，报答恩人的机会一直落空。多年之后，我终于找到了曾经帮助我的人，他已经当老板了。本想报答老板，却发现多年前落魄的他现在过得比我好，让我一时不知道怎么办才好。老板看到我依旧落魄的样子，而且腿脚不方便，给我安排较为轻松的岗位——门卫。

“当我看到库房着火的时候，非常着急，心里只有一个想法，一定不能让老板损失了，于是就扑了进去，但我一点都不后悔，我的命都是我的老板给的，受点伤又算得了什么！”

为人处世，不能忘本。饮水思源，知恩图报，这是做人的根本。

一个总是忘本的人，常常对他人索求无度，自己却吝啬对别人付出，这种人，是得不到回报的。虽然说帮助他人不应有图回报之意，但是受恩的人如果将他人的帮助当成理所当然的事，转身就忘了不说，甚至还要回之以恶，肯定是要背上忘恩负义的名声。

但令人难以置信的是，往往真正忘恩负义的那个人，却总是觉得自己没什么错。他获得的帮助越多，就越觉得别人对他的付出都是理所当然。

对于亲人朋友，习惯了接受来自他们的爱护和关怀，久而久之，就会觉得平常不过，甚至在亲人、朋友付出真心的同时，还要去挑剔他们，仗着他们对自己的爱，深觉心安理得。若是某一天，家人朋友不再对他付出，甚至厌烦他，他不仅不会反省自己，甚至还要指责家人和朋友的变化，把自己当成一个受害者。他从来不会问自己:我为他们做了什么?我值得他们为我这么付出吗?

并不是每个人都能最终功成名就。但即使这样，最困难的时候，受人恩惠，仍旧是讲究回报的，也许转身之后，已经找不到帮助自己的人了。但你应该将他对自己的善举，一路当成鲜花种子撒下去，来日或许会收获一路芬芳。

全局意识，危机意识，才能成就大企业

每一个企业的领导者都应该知道，全局意识与危机意识是成就一个企业的左膀右臂，如果没有了这两种意识，企业很难有长远的发展。

这里所说的全局意识，就是整体观。如果一个企业的领导者没有全局意识，那么他整天只会为了一些小利益明争暗斗，为了一些小困难怨天尤人，这样的企业将难以做大。当一个企业领导者有了全局意识时，他会忽视眼前的小利益、小困难，着眼于企业长远的发展。

所以，作为一个有魄力的企业领导者不能为了个人或者部门的小利益，而置公司的全局不顾，否则只能是捡了芝麻丢了西瓜，获得短时的、眼前的利益，却丢掉了公司和团队的长远发展。

一个企业要想有长远的发展，必须要有得力的助手，而这个得力的助手莫过于“自己人”。有这样一个优秀领导者，通过他的经历告诉大家，什么样的员工才是真正的“自己人”。

他说，曾经自己是一个个人主义者，总觉得应该为市场部门的员工争取更大的利益，从来不管企业其他部门的事情。如果管了的话，出了业绩算别人部门

的，不可能算自己部门的。如果管不好别人还说自己多管闲事。所以，在很多时候觉得对自己部门没有好处的事情，能推就推，能溜就溜，从来不会主动争取为其他部门做点力所能及的事情，更没有站在公司的角度去考虑。

不过后来他遇到的一件事改变了一切。当时，他的部门负责企业新产品的推广，销售部门负责产品的线下铺货，公司给他的推广任务是线上线下、双管齐下、网推为主、实体为辅。当时，做线上推广必须要找一家奢侈品品牌网站合作，可是他根本没有这方面的资源，不知道怎么去找网站对接。在这个时候有人告诉他，销售部的总监与一家知名的网站的老板有交情，也许可以帮他搞定这件事。他有些犯难了，因为他与销售总监没有任何私交，人家不一定会帮助他，更何况过去销售部的总监向他求助的时候，还被他拒绝了，现在他自己有了困难，销售总监怎么可能帮他呢?

但是，他万万没想到的是，销售总监听到公司这样安排后主动找到他，告诉他联系品牌网站的事情自己帮忙搞定。当他说感谢的时候，销售总监只是轻描淡写地说，都是一个单位的客气什么。

在这位销售总监的帮助之下，推广互动进展得非常顺利。后来又做了一系列的产品，他获得了领导的嘉奖，职位和薪水都得到了提升。但是他知道如果没有销售总监以全局为出发点来帮助他，仅靠他个人的能力是无法达到这样效果的。更重要的是这位销售总监能够舍小我顾大我，从公司整体利益出发的精神深深打动了他。从那个时候起，他不再像以前那么自私了，而是以销售总监为榜样。就这样，他的业绩越来越大，最后升为副总经理。

通过这个例子可以看出，这位销售总监就是一个企业里真正的“自己人”，这种人任何时候不是仅仅为自己的利益考虑，而是站在全局的角度，将企业当作自己的家，将每个员工当作自己的家庭成员，企业的事情就是整个家庭的事情。

再说一下危机意识。我们都知道张瑞敏在海尔取得的成就令人瞩目，但是当谈到企业发展的时候，他却用八个字来概括：战战兢兢，如履薄冰；比尔·盖茨宣布“微软离破产永远只有18个月”；李健熙则告诫公司上下“三星离破产永远只有一步之遥”；松下幸之助干脆把松下的经营命名为“危机经营”；安迪·葛洛夫更是坚持做企业的不二法门：“惶者生存”。

这些著名的企业都具有很强的“危机意识”，那么作为一些刚起步的企业，或者正在发展中的企业更应该具有危机意识。

一个企业的失败，是因为它曾经的成功，而过去成功的理由却是今天失败的原因。任何事物的发展都是波浪式前进，螺旋式上升，周期性变化。成功只是暂时的，在取得成功后，把自己的心态归零，才能从容应对未来的各种变故。所以，任何时候都不能自满，而是要有从头开始的心理准备，那么必然要面临更多的挫折和失败的危机意识。

没有危机意识就会面临“杀机”，时刻保持危机意识就会迎来“生机”。一个团队是否具有危机意识，关系着它应对环境变化的行动力，也维系着团队的成长与创新。一个团队如果满足于过去的成就，就容易忽略竞争环境的变化，而丧失危机意识。越缺乏危机意识的团队其变革的意愿就越小，创新的动力就越弱，也就越容易在竞争的洪流中遭受挫败。

2000年底华为总裁任正非抛出“华为的冬天”一说，提醒华为的员工“萎缩、破产一定会到来”，他曾振聋发聩地提醒道：“公司的员工你们是否考虑过，如果有一天，公司销售下滑了、利润降低了，甚至破产了，我们该怎么办？我们公司太平的时间太长了，在和平时期升的官太多了，这也许就是我们的灾难。泰坦尼克号也是在一片欢呼声中出的海。”

任正非的这种危机意识，并没有引起员工的重视，在他们看来只不过是老板通过这种手段吓唬自己卖力工作罢了。可任正非不这样认为，他为了强化员工的危机意识，采取了一系列的手段。他不仅在大小会上发表“华为的冬天”，而且还让各部门学习、总结，如果危机来了该如何应对？部门压缩、减少薪水、大量裁员？当员工听到这些具体的后果可能伤害到自己利益的时候，有些担心了。正是这种危机意识激发了员工的想象力和创造力。在这种危机意识之下，华为员工形成了艰苦卓绝、坚持不懈的工作作风。正是在这种意识的影响之下，才使得华为能够在市场上一路高歌，创造了一个又一个奇迹。

只要企业在前进在发展，危机就随时潜伏在身边，当你有意识提防的时候危机就躲得远远的，当你骄傲自满地向前走的时候，危机随时都可能扑出来给你一个措手不及。作为企业的管理者一定不要贪图享乐，心中时刻要有危机感，使团队更加团结，更有凝聚力，这样才能够创造出辉煌的企业。

那么，作为企业的管理者如何强化员工的危机意识呢？

首先，要想强化员工的危机意识，必须要创造出一种危机意识的环境，这种危机牵扯到每个员工的切身利益，而且这种危机随时都有可能发生在自己的身上，只有这样员工才能为了自己的利益去努力，避免危机的出现；其次，要通过管理制度约束，让员工感觉到危机意识对自己的影响。比如有些企业规定在对生产无影响的某个时间段内，断水断电、节约水电成本。总之，通过可能影响员工切身利益的举措，加强他们对危机的意识。为了做到这一点，让每个员工都了解企业一步步走过来的历程，最关键的是要让他们知道企业遇到哪些致命的困难，并且是如何克服的，如果这些问题再次发生，又该如何应对？

最后，通过采取危机激励的方法一定要得当，要让这种危机意识成为员工不断前进的动力。千万不要将危机过度夸化，否则就可能压趴员工，更可能吓怕员工。

你会管理好“自己人”吗?

每个优秀的企业都有规范的管理制度，但同时我们也应该清楚，真正的制度化管理并非就是死板地按照制度一成不变地去管理，因为再完美的制度在不同人的面前都可能有漏洞。

首先，制度只是对一些原则性的内容作出的规定，制度是为了实现企业的目标，同时也是为了保障员工的权益，促进发展。所以，从本质上来说制度就是一种人性化的体现形式。

其实，人性化管理与人情化管理还是有区别的。人性化管理是站在老板的角度去思考人与之相对应的管理模式。人情化管理却是站在老板个人的情感角度思考人情与之相对应的管理模式。所以，人性化管理模式是对制度管理的进一步完善，而人情化管理可能因老板个人情绪影响而让制度扭曲。

有一家业务公司，由于赶上了改革开放的大好时机，加上企业领导人勇于开拓，业务迅速做到全国各地。这家业务公司在发展初期就很重视制度管理建设，制定了许多详尽的规章制度。正是这些制度的建立让公司少走了很多弯路，同时在制度的保障下推动了企业的快速发展，使得实力不够强大的企业在全国市场占据了相当大的份额。唯一让员工畏惧的是公司的制度非常严厉，稍有不慎就被罚款，虽然制度严厉，但是工资和奖励很丰厚，所以员工每天都能保质、保量地去完成自己的工作，进而提高了工作效率。

慢慢地，由于公司发展迅速，在市场上也树立了良好的口碑，使得这家公司的每个员工都成为竞争对手挖掘的对象，竞争对手给这家公司的员工开出了更优厚的待遇及职位，使得一些员工蠢蠢欲动。

面对其他公司来挖墙脚的情况，这家公司很快推出了人性化管理模式，从而全方位提高员工的满意度。那么，怎样做才算是“人性化”呢？首先从称呼上开始，比如年龄大的称为“哥”，年龄小的称为“弟”等。在工作中，“和”为贵，即使有人违反制度行事，也不会受到过重的惩罚，而是善意批评。人性化管理试行一段时间后，效果很好，员工流失率明显降低，而且业务量增加、利润率也有了更大的提升。

可见，当一个企业在进行制度化管理的时候，适当采用人性化管理的方式，对改进管理质量还是很有帮助的。

企业采取人性化的管理方式，也要遵循企业的制度。人性化的目的就是为了实现企业制度内的目标，不得不说，人性化与制度是相辅相成的，推行人性化管理的首要任务就是在企业内部建立起一套科学合理、行之有效的管理制度。

人性化管理的价值主要体现在公司的制度上，这种制度必须以关注员工的需求为基础，尊重员工的想法，从而使员工的行为与公司的制度达成很强的一致性。在实行人性化管理时，也应该认识到，要在满足公司大局的前提下，充分尊重每一个人的理想，化群体管理为个体管理。让员工在做完自己工作的同时，开发出自身更大的潜能。

在德国的主要航空和宇航企业MBB公司里，可以看到这样一种情景：下班的时候，员工们把自己的身份卡插入电子计算器，马上就会显示出该职工在本星期内已经工作了多少个小时。

原来，该公司实行了灵活的上下班制度——只考核工作成果，不规定具体时间，只要在规定时间内保质保量地完成工作任务就照付薪金，并按工作质量发放奖金。由于工作时间有了一定的机动性，员工不仅免受交通拥挤之苦，而且感到个人的权益也得到尊重，因而产生责任感，增强了工作热情，同时企业也受益。

MBB公司的这种人性化管理方式，考虑到了员工的客观需求，为员工的工作与生活带来了便利。同时，公司对工作质量的明确把控，也使公司的整体目标得以达成和实现，又减轻了公司在管理上的压力。这种人性化的管理方式对公司与员工来说，可谓“双赢”。

需要注意的是，在管理中倡导“人性化”的同时，并不意味着要抛弃公司固有的管理制度。纵观国内外实施人性化管理的著名企业，无一不有一套完善的管理制度。只有在原有制度的基础上，人性化管理才能大放异彩。因为，人性化管理不等于员工自我管理。如果员工的自我管理能力不强，就会变成管理上的本末倒置，其结果只能是既做不成“制度化”管理，又做不成“人性化”管理。换句话说，不制定出合理的目标下限，就让员工自行来完成，那么人性当中的劣根性将会体现出来，就会出现员工主动选择较低的工作量的状况，这样反而不利于企业的发展和长远目标的实现。

那么，我们应该怎样建立人性化的管理制度呢？

首先，尊重和信任你的员工。在管理中，我们一定要尊重员工，在进行授权时，基于对实际状况的认知，我们要对员工的工作能力予以信任。无数事实证明，领导者信任员工，员工就能够有出色的表现。如果领导者不信任员工，那么一方面可以不对员工进行相应方面的授权，做到“疑人不用”；另一方面，就要改正自己的观念，做到“用人不疑”。只有这样，才能充分发挥员工的工作积极性。

其次，让员工进行自我管理。最好的管理，莫过于让员工都能够自律。所以，依靠制度进行管理，很大程度上是依赖于一种外力。当外力存在时，员工可以规范地投入工作。一旦这种外力有所松懈，员工的工作质量就要下滑。我们可以通过人性化的管理，使每个员工都成为一个管理单位，增强员工的自我管理能力，通过内在力量实现员工的高效工作，还可以促进员工个人能力与素质的增长。

最后，利用公司制度来界定做事的性质，利用情感激励员工的工作热情。管理中，制度可以界定做事的性质，比如做哪些事情是公司提倡的，哪些事情是公司不允许做的。可以说，简单地用制度进行引导管理，让员工们去做正确的事情而非错误的事情。但是，如果每个员工发自内心想将工作做得更好，而且超常发挥的话，这就需要我们进行相应的情感激励。人都是有感情的，都需要情感上的安慰与鼓励，在日常管理中，如果我们能够随时关注员工的感受，用情感打动员工，员工必然会更加努力地工作，这样比用制度强迫员工工作的效果要好得多。

PART 4

打造个人品牌，让自己成为吸引人才的磁铁

一个领导者自身的品牌就是企业的品牌。一个企业能否吸引到更多、更优秀的人才加盟，很重要的一点就是看企业领导者个人的影响力有多大。一个企业的领导者不仅要有高尚的道德品质，而且还要有别具特色的为人处世方式，内敛而不深沉，含蓄而不忸怩，执着而不执拗，这些优秀的品质就像磁铁一样，会对优秀人才产生巨大的吸引力。

以权压人不如以德服人

我们经常说“以德服人”，对于企业的领导者来说也尤为重要。一个道德品质良好的企业领导者会对企业产生巨大的影响力，能使这个企业的员工对他产生敬爱之情，吸引员工们不断地去模仿和跟随。

所以，无论是多么出色的领导者，如果他的品格出现了问题，那么他的权威将荡然无存。如果一个企业的领导者在大众场合说得头头是道、天花乱坠，但在私下里却品行不端，搞小动作，这样的结果只能是员工表面服从、内心反感。

有时候领导者的素质不够高，如知识、能力、经验等欠缺是可以接受的，但是如果领导者品质低下，那么员工是一定不愿跟随的。

优秀的人格魅力是一个领导者的灵魂。拥有良好道德品质的领导者，常常能够一呼百应。因为他们在下属和公众中有比较强的影响力，可以轻而易举发挥其领导才能。而道德低下的领导者，在员工心目中的威信就比较差，下属对他的任何作为都持有怀疑、观望的态度。这样的领导所带领的团队的执行力也注定不会快速、高效，因为团队成员从心理上就很鄙视这样的领导，排斥他所做的一切，还有谁愿意为他尽心尽力地做事呢?

2010年8月，IT界发生了一件令人震惊的事情，惠普的CEO马克·赫德突然被解聘了。马克被业界誉为“最会赚钱的CEO”。在他接手惠普之后，惠普取得了商业上巨大的成功，市值增长了600亿美元，股价也翻了一番，远远超过了华尔街的预期。

马克之所以能够取得如此成绩，离不开他超凡的商业智慧和他务实的精神。可惜的是性骚扰断送了马克美好的事业前途。马克被辞退的原因是被指涉嫌性骚扰女承包商，并因此提交了费用报告，想借此隐瞒他与女承包商的亲密关系。

当这件丑闻公布于众的时候，马克的形象大打折扣，在下属心中完美的形象顷刻坍塌。更为讽刺的是，马克在日常工作中一直倡导自己的员工要诚实守信、严于律己，可是他只让他的下属去这样做了，自己却反其道而行。无论马克今后从事什么职业，但在公众的心目中，他已经成为有污点的人，而且这个污点将跟随他一生。

可见，良好的道德品质是具有磁石般作用的，他不仅能够吸引其他人，也会令无数人为止倾慕，人们会主动地聚集在他的周围，心甘情愿地跟随他、服从他，听从他的派遣。对于人格魅力的这种吸引力和凝聚力，有人将它形容为黏合剂，有人说是原子能。足见良好的道德品质对一个人、一个企业的重要性。所以，作为企业领导者要想带领出优秀的团队，那么首先就要修炼自己的品质。

俗话说：“榜样的力量是无穷的。”在公司中，领导者就是大家的榜样，领导者的做事方法，往往就是整个团队的做事方法；领导者的做事态度，就是整个团队的态度；领导者的斗志，也就是整个团队的斗志。因此，领导者必须以身作则，给员工带好头，做一个好的榜样。

公司有一个项目经理，是一位老员工，个性比较固执，每当上司对项目提出要求，他都要辩解一番，最后每次都不了了之。几年前他曾负责一个项目，刚开始时项目成员都很配合项目经理的工作，员工士气也很高。可是大半年后，每个人都对项目经理安排的工作挑三拣四，往往项目经理说一句话，他们就要回三四句告诉项目经理这样做不好，就连项目中最老实的一个女孩子也不听从指挥了。最后项目经理居然将问题归咎于现在的员工太有个性，不好管。然而局外人很容易看出，其实问题就出在项目经理自己身上，下面的同事已经将他做事的方法和态度照搬过来了。

可以说这是以身作则的反面教材。尤其是现在的80后、90后的员工个性强硬，更加不好管理，也是很多管理者经常抱怨的问题。其实这样的问题，往往还需要从管理者自身找原因。

作为企业的领导者你的一举一动你的员工都看得到，领导者是否有较强的领导能力，是否能够顺利地带领下属实现组织的目标，不但取决于目标自身的正确性，更取决于领导者自身的道德品质。

如果一个团队的领导者不但有专业的知识储备，而且品质高尚，处处以身作则、为人表率，在工作中做出了许多成绩，那么大家就会对他心服口服，他的一言一行就容易为下属所接受，他所做出的决定也往往会获得下属的支持和拥护。这种归属感和接受不是强制的，而是由衷的、自觉的、心甘情愿的。这样员工才能在工作中充满激情，才愿意为这样的领导赴汤蹈火，才能提高工作效率，才能将企业的事情当作自己的事情尽心尽力。所以，企业的发展决定于企业领导者的品质，一个企业要想更好地发展，就必须把修炼领导者的道德品质放在第一位。

让自己成为最靠谱的关键人

作为团队领导者的你想要拥有靠谱的团队，那么你就必须先成为团队人员心目中那个最靠谱的人，否则你没有资格要求别人。

作为一个优秀的企业领导者，言行一致已经成为必备的特质，言行一致意味着领导者要表里如一、说到做到。只有做到了这点，他的魅力才能潜移默化地影响到下属。只有这样全员上下一心，才能提高团队的凝聚力、执行力和影响力，才能在企业遇到困难的时候，大家齐心协力，逢山开路、遇水搭桥，克服种种困难，让企业迅速渡过难关，走上健康发展的道路。

对于“说到做到”，通常是许多企业领导者口中的常用语，而且他们也经常拿这句话来要求自己的员工。可实际上，他们自己却很少能够做到。而当这样的领导者带出的下属有一天也成为领导者的时候，他们一样也只会要求别人，不要求自己，进而形成一种恶性循环。这种行为一旦成为习惯，无论是对团队的发展，还是对个人的进步都没有任何好处。

有这样一位60多岁的清洁工，当别人问了他一个关于工作公司的问题时，令人惊讶的是，这位60多岁的老人竟然对这个公司的情况了解得如此透彻，无论从老板到员工，从车间到库房，还是从包装到销售，他无所不知。

当有人问到他在公司工作多少年的时候，老人激动地说："我到这个单位30多年了，全家现在都在这个工厂上班！"

一个企业将一个员工留住3年，才能够积淀下厚重的企业文化。而一个企业将一个员工留住30多年，而且全家留在这里，那么这个企业依靠的是什么呢？

老人的故事给我们提供了答案。

30多年前，他来到了这个公司，当时他还不到30岁，风华正茂、血气方刚。他到公司的第18天，部门领导分给他及其他几个员工一项任务——清除厂房顶上的落叶。那时候，生产车间还是平房，每到秋季的时候屋顶就会落下很多树叶，如果不及时清理，冬季下雪后融化的雪水与落叶黏在一起，就会对屋顶造成巨大的压力，有可能导致屋顶坍塌。

当他在屋顶上打扫树叶的时候，突然踩空从屋顶翻了下来。被送到医院后，一检查胯骨粉碎性骨折，还有可能导致终身残废。企业领导知道这件事之后，立马派人送去10万元，并答应会负责到底，即便是公司砸锅卖铁。当时的10万元是一个相当大的数字，更何况这还是一个刚创建不久的企业，在各方面都需要资金。可公司的领导却始终坚持一个原则：花再多的钱也无所谓，一定要让人站起来。当时，单位里面也有不同的声音，很多人认为他到公司才十几天，没有为公司创造多少利益，公司没有必要花那么多的钱为这个员工治疗。当时领导听了非常生气，说："只要进了这个公司，哪怕是刚跨进公司的大门，他就是我们中的一员，我都有责任对他的安全负责。"

在公司领导的坚持之下，经过一年多的治疗，他奇迹般站了起来，但仍然需要休养。企业领导又给他20万并让他好好休养。之后的每个月，领导还回去看望他。本来只需要花10多万的手术费用，结果前前后后公司付出了将近50万元。后来，他完全恢复之后，又回到了公司，他说公司的领导是一个靠谱的人，对自己没有放弃、没有抛弃，才保住了自己的一条命，自己应该将自己的生命贡献给这个公司。后来他在单位结婚生子，再后来，孩子长大了又进入这个公司工作，这样来来去去30年过去了……

一个什么样的人值得别人跟着他干30多年不算，还让全家也跟着他干呢？那就是企业领导对自己的员工就像对待家人一样，信守承诺，不放弃、不抛弃，给自己的员工一种心灵的归属感，只有这样员工才能踏实地为其效力。

语言的巨人，行动的矮子，现实的企业领导中多是这样的人，这也是一个企业管理的大忌。承诺最容易让人与人之间产生信任，可是承诺也可以让人瞬间失去信任。承诺不要随便说，你承诺了就一定要实现，即使你做不到，也仍然不能放弃。假若你能说到做到，你的下属员工很快就会信任你，他们也将以诚挚的态度来回报你。

反之，自己在员工面前承诺了却没有做到，又怎么能让你的下属信任你呢？当你给你的员工做出承诺的时候，实际上就是在对你的管理团队进行凝聚力的修炼。可一旦这个承诺变成一句玩笑的时候，那么企业的领导者就会遇到巨大的反弹力，领导者的威信瞬间就会在员工心中变成负数，凝聚力顷刻瓦解。所以，要想让自己的团队靠谱，那么从现在开始你自己就做一个靠谱的领导者吧！

做一个有担当的领导者

在企业管理中，如果把优秀的员工比作凤凰，那么企业领导者就应该是梧桐树。管理者只有具备深厚的个人修养、独特的个人魅力，才能将人才吸引过来。而人与人之间能否相处融洽，关键就在于相互营造的良好心理氛围，一旦这种氛围被破坏了，想要再建立起来就很困难了。可以说，能不能真正地留住人才全靠企业领导者的这张王牌。

每个人在遇到困难的时候，都有逃避的倾向，但是作为企业的领导者，就要坚决克服这种心理，要将属于自己的责任承担下来。尽管有时候有些错误并不是自己造成的，但是作为领导的你也要主动帮下属分担，只有这样才更容易赢得人心。当在你最需要的时候，才会有人挺身而出，为你赴汤蹈火。敢于承担责任的领导者，不但能够征服人心，也有助于激发下属的斗志，增强团队的凝聚力。

事实上，企业领导者能够承担责任是每个员工都期待的。下属之所以还是下属就是因为还无法承担更大的责任。如果在需要的时候，作为领导却不能承担责任，那么带来的后果就是下属的不信服，在工作中也不愿服从这样领导的安排。

美国西点军校闻名世界，培养出了很多成绩斐然的毕业生。采访这些在各自岗位上大放异彩的学员时，他们都会说同样的话：“除去本领技能，我们从那里学到的更多是思想的锻造。毕业多年，我们一直谨记学校的教诲，没有责任感的军官不是合格的军官。”

一位成功人士这样回忆自己早年的经历：

我记得当年在一家公司工作时，有一次，我的领导交给我一份特别厚的英文合同，让我把它翻译成中文，并给我下了死命令，让我一个礼拜一定给弄出来。这个任务当时对我来说可是一个很大的挑战。之前我没做过合同，也不懂。我当时的心里有点抵触，心想：我是做秘书的，我哪知道这个啊？再说，有这个必要吗？（当然，我后来才知道其实是领导在有意锻炼我。）

我对英语不是特别熟，专业术语更是不懂。但是我有一股不服输的劲儿，我告诉自己：别人可以，我为什么不可以！我一定要做出来！

于是，我咬着牙，通过查字典、翻资料、问同事，终于在一个礼拜内把领导交给我的任务完成了。我把合同交给领导，我不知道他后来有没有用，但是这个过程与结果对于我来说，却是一辈子都受用的。

这位成功人士，他之所以能成为“成功人士”，就在于他肯担当、肯挑大梁。任何一个老板或者经理都喜欢肯干活、肯扛事儿的员工，他们招聘你进公司就是为了让你把事情做好。你能全力以赴地做好大事、难事，他们怎么能不重用你呢？

时下的社会飞速发展，竞争激烈，由此也导致职场越来越注重员工的担当意识，越来越推崇敢于用坚定的意志将“不可能”改写的人。这种勇于改写“不可能”的员工，就是困难面前勇挑重担的员工，就是企业最需要的人。如果一个员工具有了在困难面前勇挑重担的精神和勇气，也就有了在职场上获得成功的根本基础，他就有可能获得晋升或加薪，同时也只有在困难面前勇挑重担，他才能为公司创造出更大的效益。而作为一个公司的领导者，勇于担当、敢于担当更是必不可缺的高贵品质。

人生所有的履历，都必须在勇于负责的精神之后。有担当的领导才会形成领导气质，才能以不用命令的方式让员工自愿跟随，而那些见风使舵、缩手缩脚、瞻前顾后的人不可能成为领导，即使成为了领导也会被下属所不齿。所以，作为企业的管理者要敢于承担责任，这样才能为自己的下属带来极大的安全感和归属感，才能得到大家的拥护。

罗宾·艾伦是哥伦比亚保险公司——加拿大最大的保险公司的董事长和总经理，但在她刚进入这家公司的时候，她不过是一个小小的员工而已。她工作起来非常勤奋。当然这一切都被上司看在眼里。渐渐地，她被提拔为中层领导。

一天，公司的市场发展部经理找她交谈。原来，公司看到了她在工作中的勤奋和努力，希望她能挑起更大的担子——去负责安大略省的保险业务。这是一个天大的好机会，然而也是一个很大的难题和挑战！因为之前，罗宾·艾伦从来没有以一个省份的保险负责人的身份工作过，而现在，这项工作又意味着整个公司在安大略省的长远发展。这样重大的责任，这件万众瞩目的事情，让她犹豫了。“我能够做好这项工作吗？万一失败了怎么办？”这样的念头不时出现在她的脑海里。

但是最终，她的舞蹈老师让她转变了思想。一天，她的舞蹈老师安德韦对她说：“你真的想去做吗？如果是的话，在开始之前请不要畏惧任何东西，不敢开始的人永远只能得到平庸。”做一个无畏的人，在困难面前不害怕，这就是罗宾·艾伦真正决定动手去做时的最简单的想法。她经过思考，克服了在此之前存在的胆怯，坚定了把新任务做好的决心。她在新事业上投入了巨大的精力，最终，上帝没有辜负勇敢而努力的人，她成功了，把安大略省的保险业务搞得相当出色。自然地，她也成了公司器重的人才，不久就当上了大区的负责人。

我们经常说作为企业的领导要有魅力，其实勇于承担责任就是最有魅力的地方。这种魅力不是任何语言行动能够伪装出来的，也不是人的神情体态能够呈现的。有的人看一眼心里就会马上产生喜欢或者厌恶，这就是由不同的人格魅力所导致的。

企业领导者最好的吸引人才的办法就是个人的魅力，吸引更多的人来到自己身边，进而凝聚成为一支强大的团队，朝着共同的梦想前进。人才是企业的根本，是领导者的左膀右臂。但是人才并不是靠利益就能“引诱”过来的，而是靠企业的文化与领导者的人格魅力。

你得有令下属佩服的实力

在现代企业管理中，要想让你的团队成员死心塌地地追随你，那么你就必须要有让其他人折服的实力和本事。如果你在团队成员的眼中是一个包租婆，那么你就必须要有《功夫》中包租婆的“功夫”，且有为租客伸张正义的勇气，如果没有这个勇气，那么你只能是个十足的包租婆，你的“租客”时刻等着看你的笑话。

会做人的企业领导者，能够得到下属的信服；会做事的企业领导者，能够让下属折服。下属跟着你，不仅是为了做人，更是为了做事，所以你必须德才兼备。

企业的领导者为什么总觉得自己安排下属办事时，下属总是一副不屑的样子？主要原因就是领导的实力不足以让他的下属信服。简单点说，就是你自己都没有做好，又怎么要求你的下属做好呢？所以有句俗语说得好“打铁先要自身硬”，说的就是这个道理。如果作为一个企业的领导者没有实力，一方面会遭到下属的鄙视，另外一方面会令下属没有安全感。如果你是一位中层领导，你的上司没有一点实力，你还愿意在他的手下干事吗？

现在的社会虽然充满了激烈的竞争，但是依然有一部分人身处高位却毫无能力，处理事情的时候总是拖拖拉拉，交给的任务往往不能够顺利地完成，还总寻找各种各样的理由来搪塞。这些企业领导者缺乏主见、判断力，当需要做出决定的时候就会优柔寡断，导致错过很多的机会。这样的领导所带领的团队，不仅工作效率低下，也不可能与单位内部其他的团队很好地协作。这样不仅妨碍了工作的展开，而且也阻碍了企业内部团队凝聚力的形成。如果一个企业的领导者在自己的职位上不能够显示出自己的才能，就很难赢得下属的佩服，最终必定会失去下属的信任。

有一年我在老家过新年。第二天起来发现夜里下了好大雪，如此罕见的大雪让我兴奋不已，天刚放亮，我就端着相机扑进茫茫的雪原去拍照。拍照过程中，有一个黑点在遥远的地方移动，我心里一惊，会不会是兔子？于是，我小心翼翼地向那个黑点靠近。当逐渐靠近的时候我才发现是一个人，他的鼻子嘴巴上也结了冰，已经完全看不清楚模样，整条裤子也结了厚厚的冰，走起来好像两根粗大的冰棒在相互敲击。

我好奇地问："大过年的下这么大的雪，你这是去哪里啊？"

他气喘吁吁地说："上单位！"

我又问："过年也上班啊？"

他拍了拍帽子上的冰碴儿说："不上班，但我就是担心存放在库房的产品，万一下如此大的雪将库房压塌了，那对公司损失多大啊？"

我问："你是公司的老板？"

他看了我一眼说："不是，我只是个普通的员工。"

原来，他凌晨4点起来看到下大雪，第一时间想到了工厂库房产品的安危，于是步行往单位赶。平时只需要一个多小时的路程，现在已经步行了三四个小时了。他之所以这样做，是觉得老板对自己很好，他要为老板着想，不能让公司受损失。五年前，他的父亲得了重病，急需钱医治，可惜他家里很穷。他的老板知道这件事之后，给他送去了医药费，使得父亲渡过了难关。后来，他回单位上班，老担心老板从自己的工资中扣除借给自己的钱，如果这样的话，他们全家的生活费都会遇到困难，更何况自己的父亲在家疗养还需要钱。没有想到半年过去了，他的工资不断地增加，却没有被老板扣一分钱。两年之后，他家里的困境缓过气来，老板才象征性地要了一点借给他的钱。就因为这件事，他觉得自己的老板太照顾自己了，自己一定要对得起老板，所以哪怕下刀子自己也有责任去厂子看看，这样他才觉得踏实。

通过这个例子我们不难看出，要想让一个员工能够想公司之所想，急公司之所急，那么作为企业的领导你必须要做出让员工信服的事情，否则仅仅凭借一张嘴是难以打动你的员工的。很多企业领导者只是口头上不断地给自己的员工做出承诺，可却没有一件事真正落实过。这样，即便是员工第一次可能相信了你，那么第二次便再不可能相信你，即使这次是真的，在你没有落实之前，在员工的心目中仍是谎言。

现在，越来越多的企业倾向于从基层员工中培养中层管理者，从中层管理者中挑选高层领导者。这些企业所看重的就是这些人有着适合于本企业的工作经验，也就是说，在专业知识方面，他是一个内行。当然这只是考察和提拔领导层的一个方面。如果一个企业管理者不仅在管理方面有高超的技能，使得公司井然有序，而且在其他方面也让人无可挑剔，那么，下属对企业领导者的佩服就会油然而生，自然也会赢得更多的认可和支持。

可见，对于一个成功的企业领导者来说，你就得具有令下属佩服的实力，有了这种实力你才能影响人、吸引人、控制人，进而领导人。

用良好的品质赢得下属的支持

世界上最宽广的是大海，比大海更宽广的是天空，比天空更宽广的是人的胸怀。

职场中的你不难发现：那些大企业的领导总是很容易相处，而那些岌岌可危的企业的领导者却是最难相处。为什么会这样？其实，道理很简单，一个人越是平易近人或者是宽容别人，就越能够引起他人的好感，而领导者有这样的胸怀，自然就容易吸引各种各样的人才聚集到他的身边。而那些斤斤计较的企业领导者，不仅不能够与自己的员工和睦相处，有的甚至不能很好地与自己的客户良好沟通，久而久之，身边的员工离开了，客户也另寻他家了，这样的企业能够有好发展吗？

作为领导者应该理解，每个员工所接受的教育程度、生长的环境、性格及为人处世的方法都不相同，那么在工作中难免会出现各种不同的问题。面对这样的情况，领导者必须以开阔的胸怀、谦和的气度去接纳，而不是不问青红皂白地把员工教训一通。如果是这样，不仅伤害了你的员工，更是伤害了你自己。将心比心，如果你是员工，你的老板如此批评你，你的心里会是什么反应呢？与其这样还不如宽容你的员工，让他认识到工作的失职。而且，宽容别人不仅体现了企业领导者自己的气度和胸襟，同时也体现出了一个企业的文化品质，保持这种气质与品质，可以为自己的企业带来更多的机会。

当年孙宏斌还是一个普通的职员的时候，被慧眼的柳传志发现，孙宏斌果然不负所望，于是很快便被提拔为主任经理，没有多久又从主任经理破格提拔为联想集团企业发展事业部的经理，主要负责市场的拓展。就在这个时候，有人向柳传志反映了孙宏斌一些不良的毛病。但是柳传志坚信孙宏斌的为人，反映问题的人惋惜地离去。不过后来的事情证实了这点，孙宏斌被公安机关刑拘，罪名是挪用公款，结果被判了有期徒刑五年。

孙宏斌从监狱出来之后，准备着手创办顺驰，但是他自己没有启动资金怎么办？当时，他想到的是向柳传志借钱，至于柳传志是否愿意借钱给自己孙宏斌自己也不知道。但是当他开口的时候，柳传志毫不犹豫地借给他50万。在大家帮助之下，天津中科联想房地产开发公司成立了，后来又改名为天津顺驰投资有限公司。

孙宏斌的背叛足以让联想的每一个人痛恨，但是柳传志没有恨他，更没有落井下石，而是在孙宏斌最困难的时候拉了他一把，帮助他挺过难关。正是因为这种宽容的胸襟，不仅成就了联想，也成就了顺驰。

作为企业的领导者胸襟决定着其高度与格局，要想将企业做得更为深远，那么必须得有宽容他人过错之心。如果别人犯了错，你总是怀恨在心、处处提防，或者寻找机会报复，这样反而会让自己不能全身心投入到工作中去。宽容别人就是解放自己。作为企业的领导者宽容员工，才能够让员工在活跃的氛围中工作，有利于提高工作效率，员工也愿意跟着这样的领导继续为企业的将来一起努力。

其实，要想成为一个优秀的领导者，不仅要宽容他人之过，还要容别人之长。可是在现实中却有些企业的领导者心胸狭窄，在看到那些能力极强的员工时容易产生嫉妒心理，担心他们会对自己的位置产生威胁。于是，要么在工作中对这种员工不再重用，要么就不断地打击、设置障碍，阻止其进步。一个领导者，如果发现自己连团队的成员还不如，那么需要考虑的是先提高自己的能力，而不是打击压迫。真正的会管理的领导未必需要各方面都比员工强，但一定要在管理团队方面能力出众。如果将企业比作一辆马车，领导者就是坐在车上的车夫，而员工就是那些拉车的马匹。只有马匹强大了，驾车的技术提高了，才能让整部马车急速前进。

所以，企业的领导者要分清利弊、分清主次、宽以待人，让自己轻松管理，让员工轻松工作，在愉悦的环境中干出更大的成绩。

作为优秀的领导者，在做好宽以待人后，还要做到平易近人。如果企业的领导总是板着脸，让员工或者团队成员不敢靠近，彼此间就可能产生隔阂，那么又怎么能深入了解群众，了解企业真实的发展状况，如何为企业制定最准确的发展战略？而要想做到这点，就必须要放下领导的身段，与你的员工融在一起，这样不仅拉近了与员工之间的距离，也容易让彼此间产生信任。这种信任更可以产生巨大的凝聚力，从而可以转化为强大的生产力。

记者王洋曾经去采访过一个企业家，刚进公司的大门就遇到一个穿着破烂、拿着铁锹的老头在修整过道边的花园，他便过去询问他老板的办公室怎么走。对方停下手中的活儿，仔细地为王洋指路。而当王洋在拍摄一些公司照片后敲开老板办公室的门时，他愣住了，还以为自己走错地方了。于是，赶紧解释说自己找张总，对方说他就是。只是，这个张总他们在之前就已经见过面了，就是刚进大门看见的那个修整花园的老人，只不过这回换了身干净的衣服。顷刻，他们握手大笑。

接下来的访谈中交流很顺利，因为张总很健谈，而且很直爽，有什么说什么。可是，刚进行到一半，他说他要上洗手间，让王洋等会儿。可等了半个小时还不见张总回来，王洋便走出办公室，在厂区的院子里遛达。恰好看到有七八个工人在搬运货物，就不由得走了过去，没有想到张总正在挽起袖子帮助搬运货物。看到王洋惊呆的样子，张总笑呵呵地说，我在哪里办公室就在哪里。

后来，在和公司的员工交流中王洋才知道，从来没有一个员工将张总称为老总，而是亲切地喊他张哥。他与员工们吃在一起、住在一起，无论哪个员工家里或者工作中遇到困难，第一个出现在眼前的就是张总。也正是这样，在他经营企业30多年中，有一半以上的员工跟着他干了30多年，也使得这个只有百人的企业，每年创造出七八亿元的价值。

无论在工作中还是生活中，领导应该保持一个真实本色的自我，多一些亲切平和，多一点轻松幽默，讲一点人情世故，让自己身边的人能够在平和、舒适的氛围中工作，让那些本不属于你的优秀人才聚集到自己身边来。

修炼自己沉静内敛的自制力

有人调查后发现：那些真正将企业做大的企业领导者，很少出现在公众视线，即使出现都很谦虚，总是抱着学习的心态与大家交流。而那些将企业经营得平平淡淡的领导者却更喜欢出现在人们的视线里。

姑且将这些多做事、少说话的领导称为“沉静领导者”。虽然这些人没有镁光灯下的那些领导们光芒四射，但是他们能够高度地克制自己，脚踏实地苦干实干，谨慎地分析和解决问题，与员工更加贴近，善于虚心听取各种不同的意见，更容易赢得员工的尊重和爱戴，尤其在企业最关键的时刻起到作用的往往是这些人。

曾经有一家公司就是否收购另一家公司产生了很大的分歧。公司为此召开了很多次会议商讨这件事，可是始终没有一个统一的意见。有的领导不建议收购，有的领导建议收购，有的领导沉默，也有领导竟然选择弃权。

有一次，公司老板生气了，对每次都在会上沉默的一个中层领导发火了：“李然同志，你作为公司的领导，起码要给一些意见啊，但是一直都沉默是什么意思？”

李然欲言又止。

最终，会议照样无果而止。

后来，又一次召开会议，免不了就像前几次那样七嘴八舌，对于是否应该收购那家公司没有丝毫的进展。这次，沉默了很久的李然站了起来，说他想谈谈自己的想法。

李然拿出了厚厚的一摞资料，还有些数据表，环视了一下在座的领导们然后说："我觉得我们应该收购公司。通过我将近两个月的深入调查分析，虽然对方公司的账面资产不是太多，但是他的客户资源很庞大，其中拥有20个亿以上资产的客户有13家，15个亿资产的客户有30家，10个亿以上的客户有45家……其中，还有5家大的企业与对方公司董事长是亲密的朋友关系，另外还有21家企业依然与对方公司保持着合作，可见对方公司是值得信任的。如果我们将其收购，以我们的实力绝对可以将这些客户服务好，这样我们收购的就不仅仅是一个公司了，而是它身后的客户资源了。具体细节性分析数据我发给大家，希望大家多提提意见，多批评批评！"

李然将有关数据发给大家，很多领导看了之后，不由得称赞李然的工作做得细致，他通过自己的关系甚至拿到了别人拿不到的对方公司内部的数据，这些数据把被收购公司的强弱项展露无遗。后来，在顺利收购了那家公司之后，也将其原来的客户资源很好地利用起来，为企业创造了更大的利润。

可见，沉静的领导者凭借耐心、智慧和坚持带领团队造就了成功。沉静领导者最大的特质就是高度的自我克制力。如果李然没有克制力不去做调研就没有准确的数据，就有可能在会议上无任何依据地大放厥词。可是李然做到了沉静、内敛、自制，所以他成功了。

任正非所创办的华为集团绝对称得上中国的领军企业。任正非当过兵，所以在带领企业的时候以军人的高效、沉着去管理自己的公司，却很少在媒体面前吹嘘自己公司的业绩，所以外界对任正非的报道都是道听途说。曾经有报刊转载过任正非的一篇文章，虽然读者反响很好，但是任正非很不高兴，而且要求借助法律手段与报刊进行交涉，并原封不动地退回了报刊寄来的稿费。正是这位低调、沉静的企业领导者，带领出了中国最具有执行力的精锐团队。

沉静而内敛的领导者们的高度克制力并不是为了逃避责任，而是为更好地解决问题赢得更多的时间。高度的耐心和自制力，适当的停顿和等待会提供给沉静领导者时间去发现问题、研究分析，从而为解决问题找到最佳的方法。因此，当沉静型领导者得到一点额外时间的时候，他们会努力地从中发掘所能得到的一切，他们的克制是积极的、警觉的，而且是有创造性的。

沉静的领导者他们大都谦虚谨慎。他们对自己很坦诚，知道哪些是自己的优势，哪些是自己的劣势，而且能够有效地把控自己的思想，积极听取下属的意见，并且愿意用自己的权力维护下属的利益。会对于下属的成绩给予极大的肯定，会对有才能的人给予提拔，并会以下属的成功就是自己的成功为原则将自己的团队带领得更壮大。

PART 5

打造上下一心的高效团队

优秀的领导就是企业的舵手，带领好团队就能够凯旋。所以，作为领导不仅要协调员工之间的关系，促进工作效率的提高，更重要的是要发挥旗帜的作用，引领自己的团队不断地向前冲。

没有决策力的领导难以成功

美国著名领导力专家，音久集团的创办人，约翰·C.马克斯韦尔说："你想爬得越高，就越需要领导力；你想发挥更大的影响，就需要更大的影响力。"

一个领导的领导力和影响力大部分取决于他的决策能力。拥有果断的性格和超凡的决策能力，就会有无与伦比的办事成效，以及超强的影响力。

犹豫不决固然可以免去一些做错事的可能，但也失去了成功的机遇。

优秀的领导者必备的基本素质之一，就是当机立断，凡是自己认定的事情应立即行动。然而在实际工作中，并不是每个管理者都能当机立断地把握机会。有些管理者往往瞻前顾后、患得患失、当断不断，往往错失良机。

美籍华人王安博士以"电脑巨人"的美称闻名于世。在他6岁时，发生了一件影响了他一生的事。

一天，王安外出玩耍，经过一棵树时，有一个鸟巢突然掉在他的头上，从鸟巢里滚出一只嗷嗷待哺的小鸟。他决定带它回去喂养，便同鸟巢一起带回了家。走到家门口，王安突然想起妈妈不允许他在家里养小动物，他犹豫了一下，把小鸟放在门后，急忙走进屋去请示妈妈的同意，在他的哀求下妈妈答应了他。当王安欢天喜地地跑出来时，放在门后的小鸟已经被一只黑猫吃掉了。

这件事给他幼小的心灵上留下了深深的创伤，从此，他明白了一个道理，也记取了一个深刻的教训：凡事要当机立断，立即行动，不能瞻前顾后而犹豫不决。只要是自己认定的事情，就迅速做出决策。他说："犹豫不决固然可以免去一些做错事的机会，但也失去了成功的机遇。"

实际上，管理者的任何决策都是在已知条件有限的情况下做出的，根本不存在各种条件都一清二楚，对结果也一目了然的决策。管理者只有日后才能判断当初的决策明智与否。

一个成功的企业家曾说，资历很好的人实在很多，但都缺乏一个非常重要的成功因素，那就是决断力。

有这样一个故事：有一个美国人看中了印度人的三幅画，美国人愿以每幅200美元的价格将三幅画全部买下，而印度人要价250美元，美国人有所犹豫。印度人二话没说，点火将其中一幅烧掉，美国人忙表示愿以每幅250美元的价格买下剩下的两幅画，印度人则开价400美元。当他又见美国人犹豫之际，又烧掉了一幅画。只剩下最后一幅画了，美国人再也不敢犹豫了，马上表示愿以高价买下这幅画，最后以950美元成交。

美国人的犹豫不定和优柔寡断，最后输给了果断的印度人，这个故事生动地说明了，当人们举棋不定时，等待他的将只有遗憾。

在激烈多变的商战中，领导者不能优柔寡断，而是需要果断地对一个又一个面临的紧迫问题做出决策。犹豫不决且没有决策能力的人总是拖拖拉拉、举棋不定，等待局势的发展看看再说，最后错失良机。

果断出击、决不拖延是一切成功人士一贯的作风，而被动出击、犹豫不决则是平庸之辈的共性。仔细研究这种人的作为，便会发现一个成功的秘诀：积极主动的人都是率先抓住机会果断决策的人，而被动的人则是优柔寡断，会找借口拖延，直到最后失去机遇，剩下懊悔的人。

在动物世界中，狼的属性很特殊，它野蛮和凶残的一方面我们不必要去学习，但是它身上许多可贵的优点还是值得我们去学习的。比如，它坚忍不拔的性格，超强的意志力，都是每一个团队成员必备的素质。比如，它遵守纪律，重视团队合作，因此可以形成严密的团队凝聚力，这是一个团队最完美的品质。比如，它具有极强的危机意识与责任感，这是决定一个团队成败的关键要素。

一个人无论多么的厉害，他不可能有三头六臂，也不可能成为团队。一个真正意义上的团队就是那些具有狼性优点的人构成的组织。一家公司一个部门是否具备这样的一群人决定了这个部门的成败。当下，随着全球经济的不景气，市场竞争愈来愈激烈，对企业而言，不要说抢占别人的市场，恐怕连自己的生存之地都面临着被强大的对手掠去的境况。无论是国外企业、跨国企业，还是国内的企业，打造一支卓越的团队成为了迫在眉睫要解决的问题。

但是，我们如何实现呢？我们何不开启“打劫模式”。谁的模式最优秀，我们就“打劫”过来，我在这里说的“打劫”不是动刀动枪地去打架，更多的是指向别人学习他的优秀模式。再说了人家有优秀的模式肯定比你强，你找人家打架那不是自寻死路吗？于是乎，偷偷向人家取经。那么这一块谁最牛X呢？唯有狼。很多成功人士都几乎对狼性做过研究，进而提炼狼性生存智慧，并且将这些应用到企业管理和个人提升上，并结合自己的实际情况，建立适合于自身情况的狼性团队，像管理狼群那样管理自己，管理我们的企业和员工。当然要真正地实现狼性团队管理不仅要提升战略高度，并且要在实际工作中不断地总结和升华，这样打造出来的团队才更能够适应自己企业的发展，盲目照搬只能搬起石头砸自己的脚。

摩托罗拉这一商标名称有“开动”与“收音机”的双重含意，这与公司最初的产品路线有关，摩托罗拉最初并不是做寻呼机和移动电话的品牌，而专门生产汽车收音机。当时，高尔文在一个蓄电池厂里工作，但后来他觉得生产汽车收音机一定比蓄电池更有前途。于是他辞去蓄电池工厂的工作，独自搞起汽车收音机来。1928年9月25日，高尔文制造公司在芝加哥哈里林街847号一座出租大楼的房子里诞生了，雇员仅5人。在最初的几个月，公司的运转十分困难，连房租都交不起。高尔文定下规矩：凡是不马上用的东西一概不买，他们第一个星期支付的工资仅63美元。

流动资金不足，让高尔文伤透了脑筋，唯一的办法就是求助于银行。为了争取贷款，在与一家主要的银行谈判中，高尔文曾建议为银行家的一辆汽车装一台收音机，作为测试汽车收音机的实际表演。

在贷款文件最后签字的日子里，高尔文带着一队人，为银行家的帕卡德牌新车安装收音机。当安装完成，收音机开动运转正常后，银行家们心情激动地将车开走。但是，才没开出多远，车内的收音机便起火了。高尔文赶到现场时，就只看到被救火队浇灭的那辆冒烟的帕卡德牌汽车残骸了。

这件事在好长一段时间里，影响着全厂的气氛。当时有好几位朋友劝他放弃，都被他毫不客气地赶走了。高尔文在自传中说：“你得坚信你的决策——真的，人的一生也许就因某一次决策而大为改观，你不要轻易改变自己的决定。”

第二年，为了公司的生存，为了跻身于汽车收音机的生产行列，高尔文在1930年6月及时完成一个完好的收音机装置，开车到了亚特兰大市场举行的“收音机厂商协会会议”上去展示。

在会场，他没有摊位，没有职位，也没有表演的地方，只好在临近的会场附近的一条环形路上，找了一个停放汽车的位置。这里会有一些散步的与会商人，高尔文竭力吸引他们到他的车里参观，让他们听他的车载收音机。他的妻子丽莲，在高尔文去联系别的商人时，也会怀着和高尔文一般的热情展示他们的收音机。

后来，他们的展示，的确引起了一些人的重视，但却被人们误认为是“非法贩酒商人”。当有人慕名来找他，问他：“你的酒在哪儿？”他的妻子深感尴尬，拉着高尔文，劝他赶紧放弃这项工作。

然而高尔文依然坚持自己的意见：虽然这次亚特兰大市之行没有得到什么直接的或积极的效果，但不失是一个有希望的开端。有些商人对汽车收音机有了好印象，订购了一两台。还有的人买得多一些，最多的一位要6台。

但后来的55型汽车收音机，由于电力供应设计得不合规格，最后连汽车也着了起来。

在越来越多的怨言与愤怒指责中，没有任何一个人能够若无其事，高尔文也不能例外，他也感到失望。但是，他却仍然从来都没有后悔过自己当初生产汽车收音机的决策。

到1930年底，他的制造厂账面上净欠374万美元。在一个周末的晚上，高尔文回到家中，他的妻子正等着他拿钱回家买食物、交房租，可是他摸遍全身却只有24美元，而且还是借的。

高尔文并未被这些倒霉的事情弄得萎靡不振。面对当时的局面，他决定回收已装运的几千台55型收音机，然后把这些收音机毁掉。艰苦与不景气的岁月，不能动摇他当初的决策，只能更加证明他果断的决策能力。

高尔文说：“我们已经跌倒多次了，我知道我能重新站立起来因为我相信自己的决策，我得坚持下去。”

顽强的意志，使高尔文能够坚持自己的决策，在总结了所有失败的经验后，经过多年的不懈奋斗，终于成就了今天辉煌的事业，这就是当年的汽车音响公司，今天的Motorola公司。

在干事业的过程中，遇到困难和障碍是必然的，特别是在竞争激烈、发展迅速的现代社会。如果在决策过后的行动中，稍一遇挫，就后退放弃的话，那么就永远不会成为一个成功的领导者，永远不会成就卓越的企业。只有用巨大的毅力，顶住压力、阻力,迎难而上，一点点地克服，坚持不懈、逐步推进，才能推动事业向成功的方向前进。

懂得授权，让团队群飞

许多迅速成长的企业都有这样一个共性：那就是每一个企业都有一个强有力的文化，这种文化就是大家共同遵守的价值观念，也就是所有优秀的员工都心悦诚服地接受的这一行事准则，其关键之一就是企业的团队精神。

人们因为某一个共同的目标走到了一起，形成了团队。团队之间相互协作、相互配合，产生了巨大的合力，这种合力大于个体的力量，因此能够轻而易举完成目标。

团队合作有很多优势，不仅能够增强解决问题的能力，而且还可以提高竞争优势。由于团队之间每个人的家庭背景、成长环境、接受教育的程度、能力的大小各有不同，这样可以形成取长补短、集思广益、相互启发、相互学习的整体优势，不但提高了工作效率，而且也增强了企业竞争力。团队成员在这样的组织中工作不仅有利于激发积极性，而且更能充分发挥自己的潜能，更能拓展视野、提高工作能力，让自己的人生有价值，有意义。

企业的团队精神就是一个企业的精神支柱，它在一定程度上可以决定企业发展的前途。团队精神可以防止个别队员懒散的作风，避免出现一盘散沙的局面。

理想的团队组织是高效的、不断创新的，是具有良好的协作能力的。一个好的团队不仅在制度上协作，还可以在精神观念上达成共识。有效发挥企业的团队精神，有助于企业在人、财、物等方面发挥集体效应，在最短的时间内创造最新的产品，提高生产效率，增强企业竞争力，从而使得企业在竞争中能够屹立不倒。

团队的优势如此之多，那么作为团队内部个体该如何去做，才能让团队发挥它巨大的能量呢?

在这个世界上没有任何一个人仅凭个人的能力而生存。随着社会化程度越来越高，社会分工越来越精细，对人与人之间协作的要求也越来越高。换句话来说，工作并不是一种个人行为，而是一种团结协作的行为关系。团队中人与人之间都是唇齿相依的，只有互帮互助，才能够获得成功，企业不需要独行侠!

事实上，如果领导者事无巨细都要亲力亲为，他怎能指望下属独立呢?事事都要依赖领导的下属又岂能成事?当领导不在场的时候，势必要成为一盘散沙。而对于独立性很强的下属来说，领导事必躬亲又会妨碍其工作的进展和其能力的发挥，一个有创意、有担当的人才也绝不希望领导常相随左右。

领导好比坐在帐篷里运筹谋划的统帅，下属则好比是上阵冲杀的武将，领导事必躬亲则好比统帅跑出军帐跨上战马、披起盔甲代替武将去上阵冲杀。美国管理学家史蒂文·希朗也说过，一个成功的领导应该懂得“领导权力的应用在于让下属们拥有权力”。可见，领导者学会放权任人有着极其重要的意义。如果领导者事必躬亲，权无大小全都由自己一人掌握，恐怕即使是三头六臂也应付不来。

唐玄宗李隆基即位初期，任用姚崇等名将名相，就很讲究用人之道。姚崇曾就一些低级官员的任免问题向唐玄宗请示，连问了三次，唐玄宗都不予理睬。姚崇以为自己办错了事情，慌忙退了出去。正巧高力士在旁边，劝李隆基道：“陛下继位不久，天下事情都由陛下决定。大臣奏事，妥与不妥都应表明态度，怎么连理都不理呢？”唐玄宗说：“我任姚崇为政，大事由我来做决定，他不能大事小事都拿来烦我，要不我还用他做什么？”表面上看，玄宗是在批评姚崇拿小事麻烦他，实际上是放权姚崇让他敢于做事。后来姚崇听了高力士的传达，就放手办理事情了。《新唐书》载：“由是，进贤退不肖而天下治。”正是因为唐玄宗敢于放权用人，使各级官吏都能充分发挥自己的才能，历史才迎来了著名的“开元盛世”。

身为领导，为下属创造一个自由发挥的工作环境是他的责任，同时将职权分离出去，自己才能腾出精力构思成长大计。大权独揽、事必躬亲的领导竭心尽力、任劳任怨，到头来却难免落得个吃力不讨好的下场，同时其所作所为对组织、对下属的发展也有害无利：他的大包大揽助长了下属的懒惰之风，他的包打天下，容易顾此而失彼，使组织陷入危机之中无法自拔。

可以说，一个企业的成功绝不是因为某一个人，而是靠整个团队。所以，作为企业领导人不要独自作战，而是要学会合理授权，带领你的整个团队一起向前飞。

“动物世界”上曾有过这样一个画面：一群狮子正在捕捉一头大象作为晚餐，狮群首先派出诱敌队伍，当大象看到狮群的时候，为了保护种群，强壮一些的巨象朝着狮群猛力冲刺，诱敌狮群无力招架、东奔西窜。但看似混乱的逃窜中，诱敌狮群却很有组织地将这些巨象越引越远，最后留下的是最为瘦小的大象。直到这时，真正的猎捕狮群才出现，团团将这只大象围住，落单的大象成为了狮群的美食。一般来说，大象是家族形态的动物，非常照顾家人，不会轻易丢下家人离开，但诱敌狮群的精密战术，打乱了大象的团队组织，终于让落单的大象落入了早已埋伏好的狮群的圈套中。

如果我们精诚合作而不是独自战斗，那么我们就是狮子，能够将别人的身体作为我们的晚餐。如果我们不能够紧密地合作，那么我们就是大象，最终成为别人的盘中肉。

古人云：自古不谋万世者不足谋一时，不谋全局者不足谋一域。领导缺乏“谋万世”“谋全局”的能力，会导致组织不健全以及发展滞后等问题。所谓领导者，领而导之，在其位谋其政，就必须站在全局的高度想问题、办事情。

提升心理强度，打造坚韧领导力

在一个企业的团队里面，领导者应该是所有员工最坚强的后盾，无论企业遇到什么艰难困苦，领导者都应该表现出一副泰山压顶而面不改色的姿态来。

如果企业领导者的心理素质不好，当困难来袭的时候，经不起打击，而是找个理由逃避责任，那么，不但不能成为一个合格的企业领导者，也会给他所带领的团队造成打击，并会在团队成员中的威信一落千丈。虽然我们没有经历战场，但是通过战争片可以经常看到，士兵战死沙场，可战斗却依然进行，可一旦将领战死了，必然会造成军心不稳、战斗力锐减，甚至造成全军覆没。可见，一个团队的领导在团队中的核心作用有多大。

同样的道理，作为一个企业领导者，如果胆小怕事，缺乏主见，那么他就难以服众，自然无法带领好企业的团队。

小张做秘书已经有五年的时间了。在日常工作过程中，他认真负责，做事靠谱，是很值得信赖的员工。领导觉得小张是个可以培养的人才，就将小张安排到一个新成立的分公司当经理，并且希望让他在基层里好好磨炼，争取早日可以独当一面，将来再调回到总部，这样就可以顺利成为公司的领导层骨干力量。

小张的工作能力和业务水平很是不错，但就是在管理上有所欠缺。由于平时跟着领导做事，不需要他做什么决断，只要做好领导安排的事情就可以了。但是做了领导就不同了，凡事都需要自己决断，还得带好团队。没多久，小张部门就出现了问题。由于所在部门的员工的工作失误造成产品出现了严重的质量问题，如果不及时处理，会对公司造成不可估量的损失。可是当小张的下属将这一情况反映给他的时候，小张一下子慌了神，不知道该如何应对才好。

出现在小张脑海中的第一反应不是如何补救，而是在想给单位造成如此大的损失，领导会怎么处置自己？自己能不能躲过这一劫？老总知道这件事情，会不会怪罪自己？自己的前途会不会受到影响？

很快总部知道了这件事情，立刻派相关的技术人员奔赴现场。可是到了现场之后，却看不到任何负责人。当技术人员处理完问题，走进小张的办公室的时候，只看到他着急地在办公室踱来踱去，一筹莫展。

这件事发生之后，总部的领导认为小张缺乏管理经验，不值得继续重用。虽然技术人员进行了补救，但还是给企业造成了一定的损失。员工们也不愿意接受小张这样的领导，认为小张无担当，且性格懦弱，跟着他没有前途，纷纷要求换岗位。

作为一个企业领导者，在日常生活中随时都会遇到不顺心的事情。如果心理懦弱，遇到问题就绕着走、逃避问题，这样问题不仅得不到解决，而且也会使问题越来越大。当以后再次遇到这个问题时，还会出现类似的情况。对一个企业领导者来说，在企业管理的过程中遇到困难，是再平常不过的事情。如果每次遇到困难就站在原地不敢前进，那么你只会将自己圈在一个地方，周围那些无法解决的问题就会堆积成铜墙铁壁。

俗语道不经历风雨怎么见彩虹。只有提升你自己的心理强度，迎难而上、逢山开路、遇水搭桥，无论多大的艰难困苦，都不放弃、不抛弃，才能把自己修炼到一个新的境界，才能在员工中树立威信，才能带出积极向上、勇往直前的团队。

在竞争激烈的社会，每个人都需要一颗强大的内心。尤其是企业管理更是如此，在遭受压力，遭受磨难的时候，不要惊慌失措，要沉着应战，铸就泰山压顶而面不改色的王者风范。

同时，作为一名企业领导者还需要有足够的度量忍受自己无法改变的事情，不能够轻易流露出自己的不满和退缩，更不能让自己的团队有丝毫察觉，而是尽一切可能去微笑着面对。作为团队的领头羊，你要绞尽脑汁地用各种手段，去营造团结向上、积极乐观的氛围，用百折不挠的坚强毅力奋力完成团队的任务。

只要企业前进，那些巨大的压力就会如影随形。企业领导者带着自己的团队，有一片需要自己承担责任的天地，所面临的考验是大大迥异于普通员工的，这就需要企业领导者具备相当强大的心理素质，做一个内心强大的人。

以身作则，不要让制度绕着自己走

领导就是企业的一面镜子，你是什么样的人，就带出什么样的队伍。

世界上最无价的是人心，要想赢得别人的心，那么只有拿着自己的心去交换。作为一个企业领导者你希望你的员工能够做到什么，或者你期待他们能够给企业带来什么样的业绩，那么首先自己就要学会付出，做你下属的榜样，只有这样你的员工才能心服口服，才能心甘情愿地跟着你一直向前冲。

企业领导者的一言一行都会或多或少地给员工传达出某种信息。在很多情况下，企业领导者的言行被下属在无形中认为是企业整体的一种标杆，他们会在工作中刻意去模仿，进而潜移默化地影响到每一个员工。

管理者作为员工的榜样，是影响团队管理质量的重要因素。管理者如果能够身先士卒，以积极正确示范作为导向，那么就可以调动员工的积极性，激发每一个员工积极向上的干劲。如果企业管理者整天愁眉苦脸，一副消极的病态，只能削弱员工的工作激情，甚至通过领导者的态度而怀疑企业发展前途，对企业的未来失去信心，那么必定不会尽心尽力地去工作。

企业管理者的榜样力量有着强大的感染力和影响力，是一种无声的命令，也是最好的示范，对员工是一种极大的激励。为了充分发挥领导正面的积极的作用，领导就要严格管理好自己的一言一行，管理好了自己才能达到事半功倍的效果，否则一切都是空谈。

在这方面，联想集团的总裁柳传志做出了榜样。

联想集团实行了每周一次的办公例会制度。有一段时间，一些参会的领导由于多种原因经常迟到，大多数人因为等一两个人而浪费了宝贵的时间。柳传志决定，补充一条会议纪律，迟到者要在门口罚站5分钟，以示警告。纪律颁布后，迟到现象虽然有所好转，但依然有人迟到，但是自觉罚站的人却很少。有一次，柳传志的老领导迟到了，彼此都感到很尴尬。罚站的时候，老领导这把年纪了可能是第一次罚站，紧张得满头大汗，柳传志也是心神不安，自己制定的制度让老领导罚站有些说不过去，但既然颁布了制度就要执行，任何人都不能免除。后来，柳传志悄悄地跟自己的老领导说："今天您先站1分钟，晚上我去您家站1小时。"为了执行这条规定，柳传志本人也站过好几次。有一次，他被困在电梯里面了，他敲了半天的门也无人应答，当他好不容易走出来进入会场的时候，大家都等着看柳传志如何给解释，只见他没有解释一句，自觉地站在大门口罚站5分钟。于是，这一事件不翼而飞，整个联想集团都为柳传志的5分钟罚站而喝彩，其效果也不言而喻。

领导以身作则，不仅能够获得下属的忠诚，同时也能够赢得下属的信任，拉近与基层员工之间的距离。这样员工才能及时地反馈企业生产服务中出现的问题，领导才能如实地掌握真实情况，做出相应的决策调整，避免让企业陷入危机之中。当然要达到这一步，就必须要求领导者在工作中身先士卒、以身作则，做好带头作用。

每个企业都有制度章程，如果在实际工作中因为各种原因使得制度无法彻底执行，那么这个制度就成为了一张废纸。令制度打折的原因很多，其中最重要的原因就是领导将制度制定出来之后只让员工去响应，而他自己却没有带头遵守。实际上，只有所有的员工都按照规章制度办事，企业才能高效地运转起来。无论这条制度是上级单方面制定的，还是双方协商达成共识形成的，只要制定了，任何人就得无条件地去执行，在执行的过程中再根据具体的情况对制度进行修正。

作为公司领导的小李，抽烟已经多年，当在工作中累了的时候，就想抽一根来提神。但是公司规定为无烟办公，任何人不得抽烟。一次偶然的机会，小李发现楼梯拐角的地方很少有人去，是个抽烟的好地方。于是，当他极其劳累的时候，就去那个角落里抽烟。后来，一次抽烟时被一个员工看到了。在接下来的日子里，那个角落的烟蒂越来越多，小李知道下属们也都来这里抽烟了。难道曾经颁布的“戒烟令”可能因为自己而失去效力，让好不容易被压下去的抽烟习气死灰复燃吗?

他平时总是给别人讲如何带好团队，到自己这里就不管用了吗?于是，在一次全体员工大会上，小李主动承认了抽烟的事实，并且保证不再抽烟。并要求因为应酬带回单位的烟也都要统一交到前台，然后一起销毁。如果自己再犯错，就为大家打扫一个月的卫生。后来，小李养成了一个习惯，每天上班的时候，总要摸摸口袋看是否带烟了，如果带了就交到前台。这样做以后，禁烟效果明显，楼梯的角落烟蒂越来越少，交给前台的烟由最初的很多逐渐变少，最后一根都没有，单位又恢复了无烟的状态。

作为任何一个企业或者团队，只有成为一个牢不可摧的整体，才能朝着既定的目标稳步前进，而制度是维系这个整体的纽带。在制度面前，领导要一马当先地做出表率，让制度在企业内部得到不折不扣地执行。

强烈成功欲望，让你的团队更容易成功

没有强烈的成功欲望，你就只能做一个失败者。

一个优秀的足球前锋，只要永远保持强烈射门的欲望，他才能将球射进门。一个顶尖的销售人员如果没有必须将产品销售给客户的欲望，他就不可能成为一个顶尖的销售人员。

总之一句话，没有强烈的成功欲望，你就不可能成功。这一点我深有体会。

几年前，刘刚和阿伟从同一所大学的营销专业毕业，应聘到同一家公司的业务部门，但是却归不同的领导管理。刚到这个公司的时候，他和阿伟就像两头初生牛犊，依然像在大学里那样“比学赶帮超”，很快他们两个人都取得了巨大的成绩，领导也很看好他们，经常找他们谈话，想将他们俩作为重点培养对象，将来带团队。

刘刚和阿伟听了高兴得几乎跳了起来。于是更加卖力工作，业绩也更加突出。很快，他们都得到了提升——区域经理。阿伟负责湖北区，刘刚负责湖南区。阿伟的手下有7个人，刘刚的手下有8个人。在第一年，他们的业绩不分上下，可是一年之后，刘刚的业绩处于水平线发展，而阿伟的业绩处于45度上涨

状。两年之后，刘刚的业绩开始下滑，而阿伟依然保持增长。领导多次找刘刚谈话，让他赶紧将业务量追上来。刘刚嘴上答应得很好，计划也做得好，可是当到了具体操作的时候，怎么也使不出劲来。

有一天阿伟来找他聊天喝酒。喝了几杯之后，阿伟就问刘刚："怎么现在业绩上一天不如一天了呢？"刘刚郁闷不已，没有回答。阿伟看了看他，大声说："你知道为什么在大学我们两个人能够排在全年级一、二名吗？你知道为什么刚到公司我们的业绩直线上升吗？"

他摇摇头。

阿伟说："因为在那个时候，我们都想超过对方，在彼此的心里都对成功充满了强烈的欲望，所以你追我赶，让我们彼此越来越优秀。可是你看看你现在多舒服，整天坐在办公室啥也不干，就指挥着你那几个人。从内心来说，你对成功失去了强烈的欲望，而我不是这样。因我自信我很优秀，我要更加地努力，不想让任何人超过我，所以我必须付出更多，因此我就收获了更多！"

刘刚觉得阿伟说得很有道理。想想自己是个小领导了，职位有了，工资也足够花了，很多工作不需要亲自跑了，所以也就没了当年的欲望。

生于忧患，死于安乐。许多来自于现实生活的刺激，是在外力的作用下产生的，而且不是正面的、鼓励型的。刺激的发出者经常让承受者感到屈辱、痛苦。这种刺激经常在被刺激者心中激起一种强烈的愤懑与反抗精神，从而使他们做出一些"超常规"的行动，焕发起"超常规"的能力，这大概就是孟子说的"知耻而后勇"。一些顶尖销售员在获得成功后往往会说："我也没有想到自己竟然还有这两下子。"

销售大师乔治 · 赫伯特在还没成名前，就为自己制定了一个目标——将一把斧子卖给刚上台的小布什总统。这个难度不亚于将梳子卖给和尚，但是他做到了。虽然乔治·赫伯特知道布什总统没有这个需求，但是，一种必胜的信心，让他向总统发出了挑战书。

他在信中是这样写的："尊敬的布什总统，祝贺你成为美国的新一任总统。我非常热爱你，也很热爱你的家乡。我曾经到过你的家乡，参观过你的庄园，那里美丽的风景给我留下了难忘的印象。但是我发现庄园里的一些树上有很多粗大的枯树枝，我建议您把这些枯树枝砍掉，不要让它们影响庄园里美丽的风景。现在市场上所卖的那些斧子都是轻便型的，不太适合您，正好我有一把祖传的比较大的斧子，非常适合您使用，而我只收您15美金，希望它能够帮助您。"布什看到这封信以后，立刻让秘书给这位学生寄去15美金。于是一次几乎不可能的销售实现了。

每个人都清楚，布什总统并非真的需要这把斧子，而是他被乔治·赫伯特的勇气所打动，这种勇气来自于强烈的成功欲望。

吸引力法则中讲道：只要你有强烈的欲望，你就能够得到你想要的一切。

强烈的企图心就是对成功的强烈欲望，有了强烈的企图心才会有足够的决心。

在决定一个人成功的因素中，体力、智力、精力、人脉、接受教育的程度都在其次，最重要的是一个人思想能力的大小！很多的成功案例都反复证明了一个道理，一个人在银行有多少存款、在社会上有多少名望，以及对物质和精神满足程度的深浅，主要依赖于一个人思想能力的大小，也就是说，你对成功有多么的渴望。

你的激情是点燃下属的驱动力

经常会听到许多企业的领导抱怨："现在的员工啊！素质极低，干工作没有一点激情，工作起来只知道安排到哪里他们就干到哪里，从来不知道发挥自己的主观能动性，在他们这群80、90后年轻人的身上我看不到丝毫的朝气和活力，整个团队都显得死气沉沉的，不仅影响到了我们的工作效率，而且也越来越多地引起客户的不满，投诉不断，唉！"

其实，这种现象并非只出现在一家两家公司，而是整个社会企业都面临的严峻形势，也让越来越多的领导者感叹，说80后、90后是祖国的未来，企业的未来，但是他们没有一点激情怎么接管企业，接管社会交给的责任？

是的，这的确是企业领导者所面临的头疼问题。

员工干工作没有激情，当一天和尚撞一天钟，给公司带来了巨大的负面影响。这些员工在工作时表现出极大的排斥性，而且消极被动。他们没有为企业创造多少价值，却想从企业获得更多，而且总是认为老板一直在剥削他们。所以只干老板吩咐的工作，而且还要打折扣。在他们看来，老板给他的钱就值他们干这点，要想让他们再多干点，就要加工资。因此这些员工也不会发挥自己的创新思维，只能按部就班地上下班。对老板厌恶，对同事冷漠，对于外界发生的变化需要花很长的时间才做出反应。他们没有笑容，在他们的意识中，自己就是给老板打工的，而从来没有想到为老板工作的同时也是在为自己工作，为自己创造更好的生活条件。

综合上述，我们可以看到很多员工在工作的过程中都会出现没有激情的情况，这一切看似是员工的原因，其实很大的原因还是在老板这里。不是有句话说得好嘛，你如果是狼就带出狼的团队，你是羊只能带出羊崽来。

企业家的高层论坛上，有一位企业家与大家分享了自己的故事。

他说，他最近发现一个现象，那就是员工在工作的时候没有激情，而总是盼望着周末能够早点来到。度过昏沉沉的周一，从周二就开始规划周末去哪里玩，提前预订火车票、飞机票等，有的人不到周五就强行请假出去玩了。这让他整天忧心忡忡，为了能够点燃员工的工作激情，他四处求教一些企业培训师，寻找改变自己企业命运的真经。在他人的指点之下，他定期向自己的员工推荐一些书，并且建立了企业内部的图书馆，让员工们免费借阅。为了督促大家都能够认认真真读几本书，他便举办了一个读书会。读书会举办之初，就规定某个时间段大家都到办公室，他自己率先读几篇文章，然后让大家发表感慨。举办了几次他发现自己做了无用功，员工依然没有一点激情，即使参加读书会也是迫于自己的命令来的，而不是真正想读书。他心里很郁闷，没有了当初的决心——通过读书提高素质，提高激情，提高工作效率。在接下来的几次读书会，他再也不读书了，而是让员工们自己默读，有几次他还在读书会上睡着了。还有一次，可笑的事情发生了，他根本没读读书会上要读的书。有员工向他提问时，他回答不上来，为了不让员工看出来，于是张冠李戴，闹出了不少笑话。有的员工就直接在现场说：“你自己都不读书，还和我们讨论什么啊！下次再也不来了，简直是在这里活受罪，浪费生命！”

本来每周一次的读书会，变成了两周一次，一个月一次，两个月一次……他也越来越没有耐心组织读书会了。

他说，后来向一个朋友诉苦，那朋友只告诉了他一句话：你的激情才能点燃下属的驱动力，你作为领导你都没有激情，而且很懒散，员工怎么可能有激情呢？

他晚上回家仔细想想，觉得朋友的话很有道理。第二天，他就宣布，每周一次的读书会必须按时举办，雷打不动。他认真分析员工们的阅读兴趣，挑选员工们最喜欢的书，而且这些书不仅有趣味性，而且都能够从中收获到做人做事的道理，以及工作所需要的技能和知识。更为关键的是他每次在读书会上尽量让自己充满激情，为此他默默付出了很多，不仅提前研读要讨论的书本，而且为活跃气氛，他都要寻找更多的衍生性知识，或者是与之相关的幽默笑话等，而且鼓励员工畅所欲言。在他的带领之下，员工们恢复了激情，工作效率也提高了，就连他自己都觉得仿佛年轻了。通过读书会，让他收获了很多在工作中收获不到的东西。

热情有时候胜过才干，一个企业的领导者在管理的过程中充满激情地去工作，不仅收获了员工的心，而且在公司的发展上也能收到事半功倍的效果。

可见，企业家的成功管理之道说白了就是“表率效应”，企业领导者真正能够影响员工的不是权威，而是自身的行动和行为，通过这些才能引发员工在工作中的激情，才能赢得员工的尊重。你通过你的言传身教，做好了积极的榜样，那么你的员工才能对工作充满激情，企业才能获得成功。一个企业的领导者，如果没有做到对工作、对自己的员工充满极大的热情，那么你就没有办法说服你的员工给你充满激情去工作，这样的领导者注定是要失败的。

管理者高涨的工作激情，能够点燃员工在工作中的激情。这种激情不是迫于外界压力产生的，而是发自内心的。所以，作为企业的领导者，要想管理好你的员工，请你首先做好自己，以身作则、坦诚相见，让激情时刻伴随在你的身边，进一步达到潜移默化地影响到你的员工。

激情在工作中是无价的，任何东西都无法与之相比，如果每个员工都永葆这种激情，做事的效率就会提高，工作能力也会不断提升，越来越有自信。并且这种激情会逐渐形成企业的一种信仰。有了这种信仰，就成为公司前进的助推器。

PART 6

让别人能够心甘情愿地为你效力

带团队就是带人心，要想达到人心所向，就必须让员工觉得你不是一个自私的领导者，而是一个处处为员工着想的领导者。这不仅需要平时在生活上嘘寒问暖，成为员工的知心人，还要在员工郁闷的时候做他们的聆听者，在员工快乐的时候做一个分享者。这样，他们才能有归属感，才能更加全身心地投入到工作中去。

情感投资，关键是细微之处

经常听到人们说带团队就是带人心，可是如何让团队人员放心将自己交给你来带领呢？唯一的途径就是要让你的员工信任你，认可你。那么，如何做到这点呢？方法就是从细微之处进行情感投资，让员工切切实实觉得你是在为他着想，甚至着想到他自己都没有想到的地方你竟然想到了。

一个企业领导者能否成功，关键要看他爱护不爱护自己的员工，因为员工才是企业发展的根本。你希望别人怎么对待你，那么你就应该首先怎么对待别人。你关心他，他就关心你。作为领导你关心员工的生活、家庭等，那么员工就关心你交给他手中的工作。领导关心下属，这是下属做好工作的前提。如果领导只关心工作的结果，而对员工不管不顾，那么员工自然会在心头产生怨气，反而不好好工作了。关心员工不是一种施舍，而是一种尊重，是一种对其价值的肯定。

所以，作为企业领导者一定要对员工诚实、言行一致，不要人前一套背后又是另外一套，要与员工的心紧紧相扣，只有这样员工才愿意追随你。

事实上，关心员工不一定非得在大事上，更重要的是体现在小事上。比如企业某个员工生日，在他生日的那天，以自己的名义或者以企业的名义，请大家在一起聚餐，并送上蛋糕、鲜花，员工肯定会被感动。这种情感投资往往是金钱所买不到的。

一家单位招聘来一个应届生，心浮气躁，上班的时候也贪玩。作为领导选择人才，当然是物尽其用、人尽其才，可是面对一个刚毕业的如此散漫的年轻人，总领导也有些着急。

有一天，他因为生病住院，而打电话给自己的部门领导申请请假。总领导觉得改造他的机会来了，便通知他的部门经理，关于这个员工生病的消息别向外透露，你也不能去看望。

第一天，任何人都没有去看望他，第二天也是如此，第三天的时候，总领导提着水果篮，带着鲜花走进了病房，当这个员工看到他的时候，眼泪掉了下来。因为他从没有想到公司的总领导会出现在他的面前。领导微笑着说："听说你生病了，赶紧过来看看，虽然你是刚来我们公司的，但是我觉得你是一个很有潜力的小伙子，只要你上班的时候注意力集中，肯定能够干出出色的业绩。"

年轻人激动得赶紧问："这是真的吗？"

领导点点头。后来，总领导又让他的部门的经理去看望，随后又安排几个同事去看望他。当他听到都是领导委派他们过来看望的时候，心中对公司领导产生了巨大的感激。

出院之后他就上班了，不出所料，通过这次住院他似乎成熟了很多，不仅在工作中更加认真了，以前孤傲的他也主动去和身边的同事打交道。每次下班的时候，都能够看到他在主动加班。

这种感情培养不仅会带来工作上的促进，更会创造一种互助友爱的氛围。人的尊重需要得到巨大的满足，才会激发出他热爱组织、忠诚组织的信念。

现在企业很多员工的离开，不是因为工资待遇不够好，而是心凉了。这种心凉就是企业领导者对他的漠视所造成的。一个无比努力的员工，业绩也不错，可是领导连正眼都不看他一眼，那么这个员工能不伤心吗？努力工作无非想体现自己的价值，得到领导的认可，如果领导不闻不问，那就会让员工感受不到自己的价值，自然也没有继续坚持下去的信心。

有些领导者在这方面做得比较好，懂得怎么关心自己的下属，经常与其沟通，在他遇到困难的时候予以极大的帮助。但是在帮助员工的时候必须坚持一个原则：不接受感谢物品，不赴感谢酒宴。如果你接受了礼物、赴了宴请，下属就会认为他已经回报了你当初的帮助，他欠你的人情，已经给了补偿。所以，应学会放长线钓大鱼，让员工因感到欠你的感情债而在其他方面给予回报。

其实，工作是多元的，员工的满足是可以创造的。所有的员工都希望能够被如此对待。如果领导者能给予一些异于常人的对待或稍多一点的好处，就让员工觉得受到了特殊重视，这就会加强他们的工作热情和动力。比如说，可以邀请员工与重要客户一起吃饭，或者组织一些业余休闲活动，总之要让他们觉得自己与众不同，这种特殊重视形式更大于实质。

上海波特曼丽嘉酒店总经理狄高志先生从1998年1月1日开始经营波特曼丽嘉，他的第一天工作，是从1997年12月31日深夜带着主管一起清理员工餐厅开始的。波特曼丽嘉一开始时虽然有多处整修工程，预算明显不足，但是狄高志还是透支分给了员工红利。

他这种优先照顾员工的做法，的确打动了员工，大家一起努力打拼，经营的绩效随着士气愈来愈高。

上海波特曼丽嘉酒店有一个著名的“开门政策”：总经理的大门对所有的员工敞开，如果员工有什么意见和建议，只要总经理在办公室，一定会接见。虽然公司内部的员工满意度调查是以书面问卷形式进行的，每年也只有一次，但“开门政策”却让员工每天都有机会把自己对公司的意见和建议反映给公司。

狄高志初到上海经营波特曼丽嘉时，曾亲自参与了从上到下每一个员工的面试。他会问每个人“你将来想做什么”这样的问题。来应征的人多少有点受宠若惊，因为他们之中的一些人可能连服务生的工作都不敢奢求，但在狄高志看来，每个人都有梦想，与他们沟通、帮助他们实现梦想非常重要。

“就算有些人乐于一辈子当服务生，我也可以帮他成为最好的服务生。”狄高志骄傲地说。

从波特曼丽嘉酒店对待员工的态度上，我们可以看出，最佳企业不应该只是给予员工最高的薪资，或是最好的福利，还应该考虑到员工的工作内容、员工的发展机会、组织的文化，甚至领导、人际关系，等等因素，才能让员工对工作满意。员工很需要被尊重，很需要成长的机会，而不是撒了大钱，然后问：“你现在快乐了吗？”

工作本身涵盖着很多方面。员工每天上班、工作，为的不只是赚钱而已，他们还希望在工作中成长，期待从工作中得到肯定，甚至盼望通过工作来实现自我、发挥影响力。这些都是不能用金钱来衡量、来满足的。

其实，人的基本需求都是一样的，不管在什么地方，员工都是想要养家活口，想要被尊重、被肯定，想要有未来。归根结底，每个人心中想的都是：我有未来吗？我在这儿有发展吗？

世界上很多著名企业，都有自己赢得员工满意的方式。联邦快递送员工上大学、上研究所；韩国的H＆C B银行坚持不裁员的政策；新加坡安捷伦给予已婚工作者眷属医疗照顾，给单身工作者取代眷属医疗照顾的现金，手足口病大流行的时候，还让员工带孩子来上班。这样的例子不胜枚举。这一切的努力，最终目的都是为了赢得员工的心。

可见，当一个人觉得自己受到与众不同的优厚待遇的时候，就会萌生了尽自己最大努力回报对方的想法及行动，这样不仅利于提高工作效率，而且有利于提高士气，增强团队的凝聚力。所以，聪明的领导者擅长利用很细小的事情来感动下属。作为企业管理者进行投资的时候不能忽视任何的细节，越细节越能打动员工。比如与下属们微笑问候，拍拍肩膀，关心一下他的生活，你的点滴真情，会赢得员工更大的回报。

做下属情绪发泄的“垃圾桶”

学会聆听是学会解决问题的第一步。

面对问题，只有听清楚了问题的来龙去脉，才能找到解决问题的办法。尤其作为企业的领导者，聆听他人的建议和意见，是管理团队的一种能力体现。在纷繁复杂、竞争激烈的社会，每个人都想通过表达让别人认识自己，可如果大家都想表达而没有听众，表达得再多也没有用。因此，对于那些倾诉的人来说，能默默听他诉说的人才显得弥足珍贵。善于聆听别人意见的人必定具有谦虚的品质，当然聆听需要有真诚的态度，这样你才能成为一个真正的聆听者。作为企业的领导者，聆听不仅可以知道企业潜藏的问题在哪里，而且也可以凸显出自己身为领导者的气度。

很多员工对自己的老板还是有一种敬仰的心态，由于只敬仰而不沟通，久而久之，与领导之间就产生了一道鸿沟。那又该如何化解呢？唯一的办法就是领导要学会聆听，通过聆听，员工的心才愿意向你靠近，才愿意相信你，因为从心里他能感受到重视与尊重。

其实，聆听与诉说是一个互动的过程，就像两个人打羽毛球一般，你这是在发球，对方不接球，你的技术多么高，也会失去玩下去的兴趣，没有互动起来。

作为企业的领导者提高自己聆听的能力，首先要改善听与说两方面的事情。善于聆听的人，不只是单纯地、被动地听，而是采取主动方式，在听与说之间互动循环。要做到耐心聆听，首先要集中自己的注意力。无论员工的讲话方式是否吸引人，领导者都要将精力集中在对方所说的内容上。领导者可以选出对方言语中的关键词，然后用自己的话重复一次。当然在这过程中要有自己的评判；其次，在下属没有说完之前，不要贸然对他的言语下结论。领导者如果没听几句，就肯定地说他的观点不对，其实就等于将自己的耳朵捂住，将他的嘴堵住了。

聆听不是简单地听人说话，而是一门艺术，尤其在聆听别人对自己的批评的时候，更要学会听。企业领导者在与自己的下属交流的过程中，有一种简单的方法可以帮助领导者加强聆听的效果，并且很多优秀的领导者都会使用这样的方法：首先，让对方先说出结论，如果有异议，仍要让其阐述观点。其次领导者在对方叙述时，必须敞开胸怀、虚心聆听。

领导者的正确决策，取决于对企业内外系统的深入探讨与了解。这就要求领导者必须耐心聆听多方的意见。即使领导者的知识水平很高，经验很丰富，但思路也总是有限的；领导者只有博采众长、耐心聆听，才能在做决策时，掌握充分的信息，做出更有效的决策。

实际上，如果你听到某一位员工对部门的管理、工作的流程等问题进行抱怨，千万不要简单地以为这是他个人的想法，而是要意识到，这种抱怨很可能代表了一部分，甚至大部分人的想法。这样的问题如果不能够得到及时的解决，很可能引发所有员工的抱怨，造成更为严重的后果。因此，对待员工的抱怨一定要重视，及时地了解情况并想方设法地加以解决，让员工感觉到领导对他们的关注，从而消除员工的抱怨。

某公司的销售总监李先生最近感到困惑。他的手下有一名销售人员陈铭，是公司的骨干，业绩也一直很好，但是最近陈铭的情绪一直很不好，经常向李先生抱怨说他有多辛苦，压力有多大。其实，对于陈铭的工作表现，李先生一直是十分肯定的，听他这么说，就觉得可能实在太累了，就给他安排了一个长假，告诉他公司的事情不一定非要他在，让他回家放心休息。可是，这样做并没有奏效，陈铭的情绪不但没有变好，反而更差了。陈铭又向同事抱怨说，自己为公司付出了这么多，没想到现在有他没他都一样了。仔细想了想，李先生终于明白了，由于陈铭一直表现很好，李先生对他很放心，也就不过多地夸奖他了，而其他的一些销售人员更需要鼓励，所以总是表扬其他的同事。这样一来，陈铭以为领导在疏远他，希望通过适当的抱怨来引起领导的注意，没想到李先生反倒让他休假，这让他更加郁闷了。

后来，李先生也注意在一些重要的场合表扬陈铭的工作表现，并提拔他做销售部的主管。果然，陈铭的情绪变好了，工作也更加积极了。

下属的这种抱怨，你可能以为是下属有点“小心眼”，其实并不是这样，任何人都希望自己的努力得到领导的认可，如果你总是对下属辛勤工作视而不见，或者只是放在心里，下属就会认为你对他的工作不认可，自然就会抱怨了。只要明白了下属抱怨的这种“话外音”，就很容易使这种抱怨得到消除。

倾听是一种平等而开放的交流。倾听会让人感到温暖。有了倾听的心，人们才能拥有忠诚的朋友。

在企业管理中，如果领导者总是用长官式的语气命令员工为企业工作，那么公司将得不到进一步的发展，甚至有可能会因为失去人心而破产。企业领导者如果用耐心聆听代替长官式的命令，那么必定会感化员工的心灵，让他们长久忠诚地为企业创造价值。

巧用他人的过错收服人心

在我们工作了几年之后，做到了一定的职位，积累了一定的工作经验的时候，我们可能会发现下属在工作中总是存在这样那样的问题，这个时候，你会怎么做？是急于批评、发脾气，还是耐心地听下属的解释，并加以指导？很显然，后者更为明智。

金无足赤，人无完人。在工作中，下属难免犯这样那样的错误，有的领导喜欢抓住下属的错误不放，总是不分场合地拿这个错误来羞辱他，或者指名道姓用这个错误的例子来教育其他同事，这样往往得不偿失，越是这样你的下属越是反感你。谁也不想犯错，一旦犯了错误，如果能从错误中吸取教训那就是一次很好的提升。可如果一个领导总揪着下属的错误不放，这样的领导难以做大，因为他缺少一个成功人士该有的胸襟和气度。

员工跟着企业领导一起奋斗，那是出于对企业领导的信任。如果将企业比作一个家庭，企业领导就是家长，员工就是家庭成员。聪明的家长都不会因为孩子的无意犯错而大发雷霆。优秀领导就如家长一样，应该冷静地对待和处理，借机收服你的下属。

在工作中，领导再能干也不可能完成整个团队的任务，一切的成功都要依靠下属的努力。下属可能年纪轻、资历浅、工作经验不够丰富、做出的方案达不到你的要求，这是很正常的。下属也需要一个成长的过程，回想一下，我们自己不正是从不懂到懂，经过漫长的学习过程才取得了今天的地位和成就吗?

曾经有兄弟俩共同开了一家公司。在兄弟俩辛勤的努力下，公司发展得很不错。在力量壮大了之后，兄弟俩又准备开另一家公司了。于是，哥哥做原来公司的总经理，弟弟着手筹办新公司。三个月后，新公司开业了，虽然刚刚起步，但是生意一天比一天好。可是，没有想到的是，原来公司的业绩却节节走低。兄弟俩都很着急，因为筹办新公司欠了很多债务，如果原来的公司经营不善的话，将使新公司的资金链遇到问题。他们苦思冥想也没有想出问题所在。

于是，弟弟分别找各个部门的经理谈话，询问情况。结果，各个部门经理都反映，他们汇报工作的时候，总经理（哥哥）总是很暴躁，经常训斥下属，说：“这样的小问题也要来问我？你们都是干什么的？”时间长了，也就没有人敢去汇报工作了。因此，对于公司存在的问题，总经理根本不知道。而下属们有些难以解决的问题，也不汇报，自己私下急得团团转。这样管理公司，怎么可能取得好的业绩呢?

弟弟听了，特意去找哥哥长谈了一次。哥哥也认识到了自己管理上的问题。从此以后，他对待下属和颜悦色，还耐心听取下属的意见，公司的业绩明显比原来好多了。员工的工作态度，在一定程度上决定着公司经营的好与坏。每一个人都不愿意犯错误，都希望能够把工作做好，你的下属也是一样。可能是他从来没有接触过这样的项目，也可能他真的是一时粗心大意了，但是，请相信你的下属绝不是故意这样的。当发现错误的时候，下属的心情不会比你好多少，他一定也在自责：怎么可以犯这样的错误。同时他更加紧张，因为他不知道身为领导的你会如何对待他的错误。

作为领导，如果能对下属保持足够的耐心，认真听取他们的意见，谅解他们的失误，那么下属一定会感激不尽，这样也能够使他们长期保持乐观向上的工作态度和工作热情，从而更好地为公司的发展贡献力量。相反，如果你总是对下属板着脸，下属犯了一点小错误就批评责骂，下属有一点不懂就不耐烦，那么，下属很容易因此产生挫败感，导致情绪低落，甚至无心工作，工作成绩也会受到影响。

作为下属，他们一定喜欢有耐心、和颜悦色的领导，更愿意协助这样的领导开展工作，这样就会形成一个良性循环。久而久之，你的团队会越来越出色，你也会因为出色的管理才能而让你的上级领导赏识，整个公司也会形成一种良好的氛围，从而带动公司业务的发展。

记得在某本讲企业管理的书里看到这样一个例子。

日本著名的松下电气公司里有一名员工犯了严重的错误，松下将他叫到办公室骂得狗血喷头，而且一边骂一边还将火钳使劲往桌子上拍，这个员工实在难以听下去了，转身离开，准备回去写辞职报告。

就在他要离开办公室的时候又被松下叫住了，交给这个员工一个任务，将自己刚刚摔弯的火钳弄直了。下属拿过火钳三下五除二给弄直了。松下接过火钳很满意地说，比以前还直，你真的很棒！本来一肚子委屈的下属，听松下这么一说心里些许温暖了一下。更让这个下属感动的是，松下亲自给这个员工的妻子打电话，说由于工作上的事情我批评你的老公了，他下班心情可能有些不好，你一定要好好安慰他。这个员工的妻子将松下的话传给这个员工的时候，这个员工非常感动，从此更加努力地工作来报答松下的一片苦心。

作为企业的领导者必须要有一颗宽容的心，只有这样才能赢得下属的忠心，才能不断提高团队的凝聚力。

任何时候不要吝啬你的赞美

在工作中，我们总是注意对上司的赞美、对朋友的赞美、对同级的赞美，甚至对陌生人的赞美，却往往忽略了对下属的赞美。有些领导者会有这样的心态，认为下属的工作都是应该的，出色的能力是理所当然的，加班加点也是十分正常的。他们看不到下属身上的闪光点，只看到下属身上存在的问题；他们从不对下属进行赞美，只知道批评教育。这样的领导一定不是聪明的领导。聪明的领导总是会不断地鼓励下属，在下属取得了一点点小的成绩的时候就加以赞美，在下属犯了一些小的错误的时候也会委婉地提示他们。而这样的领导带出来的团队往往都很出色，上下级之间的关系也很融洽。

网络上曾流传过一个很火的视频，是关于一个在银行做清洁工的老大妈勇于与抢劫犯搏斗的事情。清洁工大妈在抢劫犯出现的关键时刻，勇敢地拿起了拖把与歹徒搏斗，最终将其制服。

这位清洁工老大妈一下成了一个名人。很多电视台、报纸刊物的记者蜂拥而至，都想知道，在关键的时刻她一个老人家哪里来的勇气？结果这位老大妈的回答却出人意料，她说：“每天我打扫卫生的时候，我们经理都夸我打扫得干净，我不能让别人从他的银行将钱抢走！”

可谓“说者无心听者有意”，可恰恰是经理礼貌性的招呼，让这位清洁工大妈感到了经理对于自己工作的肯定。于是，不仅更加卖力地将银行每个角落打扫干净，当抢劫犯来袭的时候，她还有足够的勇气冲出去与歹徒搏斗。

在很多时候，高薪确实能够调动员工为老板效力的积极性，但有时候金钱也不是万能的。在这种情况下，赞美就是一种很好的方法或策略。我们每一个生活在现实生活中的人，都有强烈的自尊心和荣誉感。而赞美可以让每一个员工都知道自己存在的价值，进而产生强烈的责任心。通过赞美自己的员工，能够满足员工的心灵需求，而且能够更大地激发员工潜在的聪明才智。

有人做过这么一个实验：取同样水质的两杯水，对着一杯水不停地骂脏话爆粗口，对着另外一杯水则不停地赞美和夸奖。然后，将这两杯水同时放进冰箱，一个小时之后，拿出来再看会有什么样的结果。被谩骂的那杯水结出了浑浊不清、奇形怪状的冰，而被赞美的那杯水则结成了漂亮的六角形如雪花般的冰花。

这就是赞美与恶语相向的区别，水都如此，何况人呢?

赞美不但是一种信任的表现，也是一种认可。在如今这个缺失信任与充斥着背叛的年代，赞美似乎成为了一种至高无上的荣誉。赞美家人，家和万事兴；赞美孩子，孩子更加自信；赞美朋友，你拥有更多的朋友；赞美你的员工，你的员工产生更大的工作动力。

在现代企业管理中，赞美员工已经成为企业管理者惯用的手段，通过赞美可以激发员工的工作激情，使每一个员工能够自主地、最大限度地发挥自己的聪明才智与潜能，可以提高员工对企业的参与感与归属感，可以增强员工的团结精神，齐心协力为提高整个企业的经济效益，实现企业目标而努力工作。

可见，虽然我们中国人都说“良药苦口利于病，忠言逆耳利于行”，但是只要我们将话说得妙即使忠言也不会逆耳，关键是我们的很多企业家吝啬对员工的赞美，总觉得不好意思张开嘴表扬，明明他做得不好却赞美有些口是心非。其实，只有用心去发现身边美好的人和事，真心地赞美他们、鼓励他们，才是真正的赞美。领导者发自内心的赞美，往往比监督他们、抱怨他们更有效，因为与其诅咒黑暗，不如点亮蜡烛。

作为企业的领导者只要你对你的员工不断地进行赞美和表扬，能够减轻员工们的心理压力，从而让其更好地工作。如果一个人整天生活在一种让他倍感压力的环境中的话，不要说他能够有什么工作的主动性和积极性了，能够保质保量地把本职工作完成几乎都不可能。而这样的队伍则无异于一盘散沙，根本没有什么竞争力可言。

李霞在一家公司工作了八年，没做出特别出色的成绩，也没犯过什么大的错误。今年，李霞所在的部门换了一位新的领导。这位领导与之前的领导不一样，待人和气，对下属也很尊重。一天，李霞按部就班地将这个月的业务报表交给领导看，这位领导看完了之后说："你这份报表做得真不错，内容翔实，数据也很充分，值得我学习啊。"

李霞听了吃了一惊，因为这样的报表她已经做了八年，而从来没有人这样夸奖过她。她总是觉得自己的工作可有可无，找不到自己在公司的位置。领导这么一说，李霞突然觉得自己的辛苦没有白费，终于有人肯定自己的工作了。更加出人意料的是，在整个部门开总结会的时候，领导又当着所有同事的面将李霞夸奖了一番。

从此，李霞就像变了一个人一样，工作特别勤奋，每个月的报表都很细致，数据也从来没有出现过错误，而且主动要求做一些自己分外的工作。而当李霞做出哪怕很小的成绩的时候，领导准会当着同事的面夸奖她一番。李霞的工作越来越出色，从原来可有可无的小角色变成了部门里不可缺少的骨干。李霞说：“当我感觉到领导欣赏我的时候，我真有种此生无憾的感觉。我想有这样的好领导，我一定要付出百分之百的努力。”

一句简单的赞美，可能会改变别人的一生。对于一个陌生人，我们很可能会去称赞一下她的衣服漂亮，身材苗条，儿子可爱，那么对于努力工作的下属，为什么不能及时地送上你的赞美呢？要知道，赞美具有强大的力量，它可以使别人受到鼓励，也使自己感到愉悦。换位思考一下，我们也曾经当过下属，那时候是不是也因为领导对自己的夸奖和赞美而树立自信，更加努力地投入工作？这样一想，我们就会知道下属是多么需要我们的赞美。

所以，作为企业管理应该赞美自己的员工，这样你的员工才能更加的自信，更加热爱自己的工作。当然，赞美应该及时有效，而不是事后大家都忘记了，再提出来表扬，这样的效果并不明显。另外，除了口头表扬之外，还应该有物质上的奖励，否则你就成为了名副其实的骗子。总之，只要赞美得当你就有一支战无不胜、攻无不克的团队，拥有这样的团队，你的企业才能发展得更加的长远，更加的辉煌。

如果你是员工你希望你的老板怎么做?

提到带团队我们最经常听到的一句话就是：带团队就是带人心。这句话听起来很简单，但真正做起来确实难上加难。简单点说，带人心就是换位思考，一定要站在员工的角度去思考问题，关心员工，帮助员工，只有这样员工才能得到情感上的抚慰，然后更加积极地去工作，他们也能将企业当作自己的家。有了这种归属感之后，员工才能将自己的命运与企业的命运紧密地联系在一起，与企业同呼吸共命运，这样的企业哪有不成功的道理呢?

可惜的是，有很多企业的领导者，只知道站在自己的位置对员工吆五喝六，慢慢地，导致了员工的反感。人毕竟是有感情的动物，人们在社会交往中各方面都受到了自己情感的支配，并受其影响。在企业管理中，如果管理者能够用情感管理，站在员工的角度去考虑问题，就更容易调动员工的积极性。以情动人，不仅可以提高员工工作的激情，还可以激发员工的工作潜能，帮助企业实现跨越式的发展。

企业领导者无论是修炼自己的人格还是领导员工工作，只要能够将心比心，换一个角度去思考问题，给他人以更多的方便，公司的员工自然会拥护他，对其在企业甚至整个行业的影响力都是一个很大的提升。

一位老板非常有能力，事业心极强，但他发现自己的员工对自己总是一副毕恭毕敬的样子，凡事都表现得很客气，谈话从不涉及工作以外的事情，一点不像其他部门的员工和老板那样无话不谈，亲密无间。好在工作中并没有什么不愉快的事情发生，所以，他也没太在意。

一天，这位老板上卫生间，他有在卫生间思考问题的习惯，常常是手里拿一本书，边看书边思考问题。这一天，他正在小格间里面看书，忽然听到外面有几个员工在谈话。“老板是怎么搞的呀，国庆节又要加班！我家里还有很多事情呢！”一个人说。“你还不知道老板这个人啊，他是想给你增加一点加班费，节假日的工资是平时的两倍，你不是抱怨家里的开销太大吗?”第二个人回答道。

老板听到这里心想，毕竟还有人了解自己，自己在安排加班的时候总是会考虑到哪个人需要这项工作，并不是随心所欲地指派，看来自己还是有几个知己的。想到这里，他甚感欣慰，正想分辨说话的人到底是谁，只听第二个人又说道：“可惜老板总是用他自己的心思来猜别人。你不知道，这位老板小时候家里经济困难，着实受了很多苦，生活上也没有什么情趣，也不懂什么享受，他把工作当成了一种享受，和他一起工作，我们这些职员就受苦了。”

“你不是挺受他重视的吗？怎么也这样说他？”

“这是两回事。工作上他确实有一手，可和人交往上，他却不够变通。我跟他三年了，他对我确实挺好，可是他不理解人。我和同学聚会唱歌，他说我不务正业！上次跑信息的事情，要不是我的同学帮忙，肯定不会这么快!”

“你怎么不和他说呢?”

“他根本就听不进去！而且我能这么直接地跟他说吗？他能力是很强，不过都是笨办法！现在谁能和他一样拼命？”

这段在卫生间里无意中听来的话，让这位老板一下子明白了，原来自己从来没有为员工们想过，他们也有自己的想法，有自己的处事方式，而自己却常常喜欢把自己的意志强加给他们，这是多么的不公平。其实，换位思考并不是什么复杂的事情，只要你将自己当成对方，想想在遇到同样的情况时，自己的态度与思考方法，那么，你就能够恰到好处地处理问题了。

作为企业领导者要时刻从员工的角度出发，将心比心。员工犯错本不是员工的本意，因为一旦犯错就相当于自己在否定自己的劳动果实。如果每个老板只是站在自己的角度思考，对犯错的员工进行狠狠的批评，必然会遭到员工的反感。

可以说一个企业成功的因素很多，但是一个团队、一个集体成功的因素不能没有对人的成功管理。作为企业管理不能仅仅看到员工就是打工的，而是要认识到员工的重要性，并且很好地维护好与员工之间的关系。如果能够做到这点就相当于抓住了企业发展的核心。只有企业领导者能够从员工的角度去思考问题，才能使得员工与自己同频，才能彼此理解、信任和支持，而且也能够提高员工的觉悟，顾大局、识大体，培养员工与企业同呼吸共命运的坚定信念，只有这样企业才能得到长远的发展和进步。

大家都知道马云创造了一个世界奇迹，同时我们也应该清楚，马云的成功离不开他的团队。也就是说马云不是一个人在战斗，而是一个团队，这些人能够死心塌地地跟着马云，是因为马云将他们当人看，处处能够替他们考虑。马云经过多次创业失败后，好不容易事业发展到平稳阶段的时候，他却做出了一个惊人的举动：从北京回到杭州发展。到了杭州之后，马云便问自己的员工们，愿意跟着自己干的就一起干，不愿意干的自己帮忙找一份好的工作。当时马云的手下的选择让马云感动至极，所有的人都表示愿意跟着马云一起干到底。马云始终秉承着：朋友对不起我，我也不能做对不起朋友的事。马云将自己的员工当朋友看，他经常站在员工的角度去思考问题，因为马云深信，没有这些同甘共苦的朋友，就没有今天的他。

每一个进入企业的员工，无论是为了个人的理想，还是生活所迫，都想好好地干出一番成绩。可如果老板对其视而不见、不闻不问，久而久之就会失去对工作的热情。于是，就会按部就班地上下班，老板指挥到哪里打到哪里，不去思考、缺乏热情，当一天和尚撞一天钟。

所以，作为企业的领导者，你必须让员工明白，你愿意站在他们的立场上思考问题，并能够体谅他们。企业领导者不应该让员工认为自己是一个“六亲不认”的无情无义的“冷血人”，而是一个充满亲和力的领导，凡事能为他人着想，能站在他人的立场上思考问题。你若想让员工多考虑自己的难处，给予自己理解，你必须要先考虑员工，并体谅他们。

人们也都有这样一个特点，即总是站在自己的角度去思考问题。假如我们能换个角度，站在他人的立场上去思考问题，会得出怎样的结果呢？最终的结果就是多了一些理解和宽容，改善和拉近了人与人之间的关系，这一切都是从换位思考开始的。作为一个企业领导者，如果不懂得换位思考，那他永远无法赢得员工的心。

每一位员工都值得尊重

企业是个大环境，大家关系融洽，心情才会舒畅。尊重你的每一位员工，给自己营造一个良好的工作氛围，你才能充分发挥你的潜能。用友好的方式来表达自己，别人也会以同样的方式来回报你。尊重你的每一位员工，不管他的地位是否卑微。这不仅仅是一句口号，更重要的，需要你切实地去贯彻执行。

每个人都有受人尊重的愿望，希望能有更多的自我表现机会，以实现自身的价值，如果这种愿望能充分地得到满足，就会产生一种新的鼓舞力量。

曾任IBM总裁的小托马斯·沃森说过："在IBM，一个重要的哲学就是尊重个人。这是个很简单的概念，但是IBM的经理们却花了很多时间去实践它。"

1914年，托马斯·沃森创办了闻名于世的IBM公司。他看到当时有些企业内部风气不良，许多资历老的员工欺压新来者，新老员工之间结下仇怨，职工内部很不团结。为了避免由于内部不团结而造成生产损失的情况在IBM公司里发生，托马斯·沃森提出了"必须尊重每一个人"的宗旨。

托马斯认为，尊重人就要讲公平，只有平等对待，互相尊重，才能形成团结友爱的氛围。因此，沃森叫人专门编写了工作礼节的自我检查手册，人手一册，随时对照检查。为检查职工是否遵守必要的礼节，他在各个基层中，任命一或两名任期为一年的“礼节委员”。

另一方面，IBM公司的管理人员对公司里任何员工都必须尊重，同时也希望每一位员工尊重顾客，即使对待同行竞争对象也应同等对待。

在IBM公司里，每间办公室、每张桌子上都没有任何头衔字样，洗手间也没有写着什么长官使用，停车场也没有为长官预留位置，也没有主管专用餐厅。IBM公司有这样一个非常民主的环境，每个人都同样受人尊敬。

《圣经·马太福音》有一句话：“你希望别人怎样对待你，你就应该怎样对待别人。”这句话被大多数西方人视为工作中待人接物的“黄金准则”。

俗话说：“己所不欲，勿施于人。”做人的一个基本原则就是尊重别人。尊重别人的一个重要原则就是设身处地地为别人着想，为别人的方方面面着想。

在企业团队这个大环境里，自己对待别人的态度往往决定着别人对自己的态度，就如同你站在镜子面前，你笑时镜子里的人也跟着笑；你皱眉时镜子里的人也皱眉；你对着镜子大喊大叫，镜子里的人也对你大喊大叫。因此，要想获得他人的好感和尊重，首先必须尊重别人。

在与员工相处的过程中，“互相尊重”的原则也是我们所应坚持奉行的，它使我们能以自己之心去体悟别人的合理要求，不违背别人的合理情意，节制自己，不执着于自己的意愿与利益，学会并更好地为别人着想，君子的处世风度因此而得以成立。在此基础上，才可使人人都能生活在和为贵的环境中。

每个人都有自尊心，人们常喜欢摆架子、我行我素、挑剔别人的不是，在众人面前指责同事，而没有考虑到是否伤了别人的自尊心。其实，只要多考虑一下，讲几句关心的话，为他人设身处地想一下，就可以避免许多不愉快的场面。

杰克·韦尔奇曾说过：“在你的企业中，80%的利润来自于满意员工。”美国著名的管理学家比尔·凯特利特在他的《满意牛》一书中把员工比喻成牛，生动而贴切。他认为，只有养出满意牛，才能产出满意奶，只有满意的员工才能为企业做出更大的贡献，帮助企业走向成功。

在人们的印象中，牛具有吃苦耐劳的精神，能够默默无闻地无私奉献，所以勤勤恳恳的老黄牛一直是我们推崇的榜样。我们要求员工向牛学习，能吃苦，能承受压力，毫无怨言，默默奉献，真正做到“吃进去的是草，挤出来的是奶”！殊不知，牛也是会发脾气的。牛的态度决定了其效率和产量。实践证明，快乐、满意的牛不仅产奶多，而且奶质好；郁闷、抱怨的牛不仅产奶少，而且奶质差。真是应了那句话：态度决定一切！对牛如此，对人也是如此。

事实上，牛的态度取决于养牛者的态度，员工的态度取决于领导者的态度。现在企业都提倡“以人为本”了，可真正做到的却并不多。一些企业管理者甚至曲解了“以人为本”的含义：以人为“成本”，视员工为负担，从而忽略了对企业人力资源的合理开发和利用。显然，这是一种短视行为。

为什么每年岁末年初，总会有一场员工跳槽的风暴？员工为什么要跳槽？对企业不满是一个重要的原因。这种不满代表的是一种态度而不是行为，但是，这种态度却可以影响一个员工作出是否继续留在企业的决定。

员工为什么不满意？我想，很多问题出在管理层。很多辞职者表示，并不是对公司不满意，而是对领导者不满意，对自己工作的小环境不满意。

所以，在与员工相处的过程中，我们提倡平等的交往，在交往中应自尊而不骄傲，尊重别人而不谄媚；受惠于人不形成依赖；批评别人，以精诚相待、忠言诱导；受人批评，应虚心诚恳，即使对方的批评有失偏颇，也不要耿耿于怀，只要对方是出于真诚目的就不要再计较。同事交往，只有相互平等，才会有真正的彼此尊重。也只有如此，才能让你的员工获得认同感、成就感和价值感，才能让他们更加努力地追随你，一起为企业的发展壮大贡献自己的所有力量。

PART 7

搭建互动平台，让对的人往对的“槽”跳

工作效率无法提高被很多企业归结为能力不济。如何才能提高工作效率？最好的办法就是让人干最适合他的工作。不要将员工拴在一个岗位，必要的时候施行轮岗制度，让合适的人调到最合适的岗位，这样不仅为企业节省了人力成本，而且可以提高工作效率。所以，作为企业的领导者有必要搭建这样一个互动平台，让对的人跳往最适合他们的“槽”。

给人才机会让其尽情展示自己

一个好的平台，不仅可以让企业迅速成长壮大，而且也能够让员工获得最大的收益。因此，很多企业的领导者都努力将自己的企业打造成为一棵“梧桐树”，吸引更多的“金凤凰”。正是如此，很多人因为选择了正确的平台而成就了一生。因此，有很多人将是否有一个良好的发展平台作为自己的择业条件。

于是，许多企业家为了能够拥有更多的人才，采取了各种方法。有的依靠“高薪”，也有的承诺“高职位”。但是随着社会的发展，越来越多的人不再那么盲目地看待“高薪”与“高职位”，而是更为理智地将未来发展空间的大小作为自己择业的标准。这个空间并非指职位的高低，而是自己在这里能够学到多少东西，能不能在这个平台积攒到更多的人脉关系。

俗语道：花无百日红，人无千日好。谁也不敢保证在一个企业待一辈子。如果跳槽去别的单位，自己不仅学到更多的技能，而且认识了更多的人生“贵人”，这样才算没有在这个企业白待。

但是，无论是择业还是跳槽都需要谨慎，免得后悔莫及。

小张最近失业了，打电话约朋友城亮喝酒。

原来，小张毕业后，加入了一家新成立的电子仪器制造公司，刚入行的薪水并不是很高。由于小张所在的电子仪器行业是个高速发展的行业，人才的缺口非常大，刚工作两年的小张就常接到猎头公司的电话，一般对方公司开出的薪水都比他现在的薪水高30%以上。很顺利地，小张跳槽去了新公司，职位和原来相比差不多，但薪水如他所愿高了不少。

两个月后，让朋友羡慕不已的小张却每天唉声叹气，后悔不迭。原来小张上一个公司是一家新成立不久的高科技公司，公司正处于不断地创新、开拓、发展阶段，有很多机会和岗位去学习和实践，公司还具有比较完整的培训体制，对于自身的技术提高和能力发挥很有帮助。

而现在的这家公司是家老牌的高科技公司，公司各方面已经发展成熟，日常只是维护正常的运作，小张只需要机械地每天把手头的事情做好就好，没有过多的机会去提高自己的技术。

上一个工作虽然薪水低，但是可以与公司共同成长，现在的工作虽然薪水高，却成了一个原地踏步的小螺丝钉，对于有上进心且年龄尚轻的小张，孰优孰劣呢？很显然，小张只关注高薪的心态把自己的未来卖了，难怪他会郁闷不已。

小张的经历提醒身边朋友，不要为了钱出卖未来。同时，这也给企业的领导者上了一堂课：越来越多的人才不会像小张一样犯糊涂，他们更关注未来成长。

有关研究数据表明，虽然员工往往因为薪水问题离开公司，但他们在选择一家公司时，公司是否能够帮助他成长却是更为重要的标准。“帮助员工成长”是吸引人才、留住人才的有力力量。因此，为了把尽可能多的人才凝聚在团队周围，管理者不需要纠结于人力成本，更主要的是给员工搭建起一个成长平台。在一个不断成长的平台上，员工的积极性将被充分调动出来，在自己成长之余，也会为企业奉献自己的力量，结果自然是员工与企业的双赢。

在企业家交流会上，有家著名企业的失业率不到3%，甚至有百分之80%以上的员工跟着他干超过了6年多。之所以能够达到如此好的效果，是与他合理化的管理分不开的。用他的话说，就是在他的单位没有差员工，只有没有放对位置的员工。那他到底采取什么样的方式管理自己的员工呢？

原来，员工刚一进入企业的时候，人事并非着急让他们上岗，而是长达半个月的企业文化培训，另外还请专业的心理指导师、职业规划师等对员工进行全方位的了解和指导，然后再根据特性进行职位安排。当然职位安排不是固定不变的，而是经过3个月的试用，如果在目前的工作岗位上比较合适，那么继续留在原岗位，如果不适应则重新调换到新的岗位，直到这个员工和公司都满意为止。当然，也有不少员工通过两三次的调整才找到了最适合自己的岗位，也有的员工通过几次调换后又回到了最初的岗位。这样的岗位调整，让每个员工都处在自己所喜欢的岗位，不但能充分发挥他们的才智，还可以促进他们积极主动地工作，不仅成就了自己，同时也成就了企业。

正如这位企业家所说的，没有真正的差员工，只有没有放对位置的员工。位置放对了，也就意味着平台搭建对了。只有在最适合的平台上，人才能尽情地展示自己的才能，才能真正做到人尽其才，物尽其用。

那么，作为企业领导者，为了企业的发展，为了能让员工在迷失的时候找到自己的奋斗方向，又应该怎么做呢？

第一，要根据每个员工的特殊情况，量身定做最适合他们的培养计划。由于每个员工成长的环境、知识文化、性格特点等不同，那么所制定培养计划也应该不同。如果所有的培养计划一刀切的话，会让有些员工“水土不服”，甚至产生抵制的心态，这样一来培养的效果定然大打折扣，也不利于优秀人才的培养。

第二，尺有所短、寸有所长。每个员工都有自己的优劣势，不能为了盲目地追求优秀的员工而放弃那些暂时处在劣势的员工。很多事实证明，那些劣势的员工并非没有能力，而是没有被开发出来，一旦挖掘其潜能，同样能够达到优秀员工的效果。

第三，要想让每个员工在企业的平台发展自己，那么必须根据员工自身的性格特点因材施教，确定最适合他们的发展途径。即便方向确定也不能就认为大功告成了而不闻不问。因为员工在工作的过程中依然容易迷失自己。此刻，作为企业的领导者，需要对员工进行充分的人文关怀，还需要不断地进行激励，只有这样员工才有归属感，才能将其潜能充分调动出来。

轮岗制度，把合适的人放到合适的位置

人们常说“好钢用在刀刃上”，这就是说，要将关键的东西用在关键的位置上，只有这样它才能发挥出巨大的能量。作为企业领导者如何选择到最合适的人选，这不仅关系到是否能够调动人才的积极性，更关系到企业未来的发展。如果在选择人才的过程中不能够选出最合适的人才，必然影响到企业的整体效益。对于眼睛近视的人来讲，佩戴近视眼镜有助于看清事物，但是如果将一副近视眼镜给视力好的人来戴，而不给近视眼的人戴，肯定是两个人都看不清东西了。这就说明：一件东西，判别其是好还是坏，关键是看其所发挥的作用对不对。同理，对于一个人来讲，判别其价值的大小，关键也是看其是否能发挥最大的价值。

于是，很多企业纷纷采取了“轮岗制度”，通过这种制度达到“合适的人做合适的事”的效果。如果一个人在一个固定岗位时间长了，很容易缺乏活力和思想僵化，可能变得故步自封、居功自傲，从而放松了对自己的要求，这样不仅对个人发展不利，对企业的发展更是不利。

那么，轮岗制度到底能够给企业带来哪些好处呢?

第一，可以激励员工，降低失业率。轮岗制度可以让员工在自己喜欢的岗位

上做出出色的成绩，以证明自己的价值所在。另外，现代企业对于员工的要求越来越多，使得他们承担的责任也越来越大，可公司内部却有很多不合理设置会限制员工的发展，使其内心的需求不能得到满足，进而导致了企业内部的矛盾。恰好，轮岗制度可以缓解这种矛盾，让每个员工真正找到最适合自己的岗位，使得优秀的员工更加优秀，普通的员工更有价值可用，这就必然降低员工的流失率。

第二，培养复合型人才，挖掘潜力股。10年前企业在招聘的过程中对员工的专业很看重，因为专业的知识才能成就专业的企业。但如今一切全变了，企业在招聘的过程，不再看重专业，而看重的是一个人的能力。企业通过轮岗制度，人才在更大的舞台上发挥作用，极大地强化了人才的沟通能力，拓宽了人才的知识面，培养了高格局的战略视野。

第三，轮岗制度可以为企业降低成本。企业要想招聘人才需要花钱，但是从企业内部招聘是不需要花钱的，也许一个通知、一份邮件事情就搞定了；另外，都是一个企业的人，在认知上基本相同，那么沟通起来就很容易，不会导致信息不对称的现象。

“想去哪儿就去哪儿，只要符合条件，就可以选择去公司在全球任何一个地方的分公司进行轮岗。”这是企业家张磊说过的话，“这就是公司最吸引我的地方。”张磊很是自豪很兴奋，他在公司6年，已经去了五个国家轮岗，其中三次是换国家换岗位。这6年，他从基层员工做到了高级经理，不仅了解市场、销售、客户管理等业务，还熟悉欧洲、美洲、拉丁美洲、亚洲等风土人情与市场发展。今年6月，他又将去南非轮岗一年，轮岗结束后，他将会再次得到提升。

“我们公司跟其他公司不同的是，很多公司的轮岗是由上级直接下派，而我们是由员工主动选择，主动权掌握在员工手里。”张磊说。公司有一个内部招聘网站，上面会不定期地发布岗位需求信息。如果你在公司同一岗位工作满两年，拥有良好的业绩表现，并且强烈地想承担责任，你可以搜索公司在全球任何一个国家的所有岗位，如果发现有自己心仪的岗位，即可向公司提出“我要换工作”的请求，去挑战不同的职位。

当员工提出了“我要换工作”的申请后，必须告知现任岗位的上级领导，随后人事部门会对员工进行评估，他过去的业绩怎样，是否满足新岗位的要求，并开始为期半年的轮岗前培训。当新部门给这个员工发出offer，现任领导再舍不得也必须放行，公司会给他三个月的时间寻找继任者。

“这种制度对公司的人才储备是非常有好处的。作为全球化的公司，高层管理者都应该是具有全球视野的国际化人才，通过这种方式，公司可以聚集源源不断的复合型人才。”张磊也期待着他一年后的再次升职。

那么，作为企业管理者如何才能让轮岗达到自己最想要的效果呢？那就必须坚持三个原则：

首先，轮岗工作的整体安排。轮岗应该制订具体的计划，明确轮岗的时间、轮岗目标、考核标准、轮岗风险评估及轮岗工作协调机制等一系列问题。同时制定轮岗工作路线图。路线图一般包含几大关键节点：确定岗位轮换机会及对应的人选计划；轮岗工作沟通计划；制定并提交工作交接清单，包含文件清单、物品清单、工作进度清单、工作注意事项清单等；岗位交接及岗前培训；定期轮岗效果调查评估等。

其次，轮岗前的沟通。轮岗是人才识别与培养工作的一部分，但员工个人的发展也有其个人职业生涯规划，如果事前没有沟通只是管理者一厢情愿地为其设置未来发展路线图，很有可能无法使双方找到最终结合点而浪费资源。

最后，轮岗前的工作交接和业务培训。确保各项资源完全移交、确保各项进展中工作接收者清楚了解，这些都是工作交接过程中非常关键的工作。同时因为岗位调换，工作内容和工作方式方法都会与以前有所不同，如果不及时对当事人进行相关的培训，人员对岗位可能出现的问题缺乏预见性和解决措施，会造成业绩下滑、效率降低、工作混乱、人才流失等现象。

虽然，轮岗制度的优势很多，但是也可能带来一个问题，那就是恶性的人才竞争。

毕竟每次公司招聘来的员工很多，有聪明好学、业绩优秀的，也有很勤快可业绩不好的。轮岗时候就可能出现这样的情况：对于那些优秀的员工，每个部门都不愿放手，于是明里找领导求情让优秀的员工继续留在自己的部门，暗中通过一些非常规的手段说服拉拢其他优秀的员工；而那些不是很优秀的员工就像一个皮球似的，今天被这个部门踢走，明天又被那个部门踢开，最后优秀的员工没有轮岗，真正轮岗的只有那些不是很优秀的员工，这样就可能加剧了员工与员工之间，领导与领导之间，员工和领导之间，部门与部门之间的紧张气氛，甚至导致矛盾重重、剑拔弩张。这样的轮岗不仅没有起到提高效率的作用，反而成为影响企业运营效率的导火索。

所以，作为企业的领导者，必须贯彻轮岗制度，只有这样才能将人才放到合适的位置，才能真正达到各尽其能。也有的企业担心人才通过轮岗对自己的企业掌握过分全面，有一天离开了企业，会成为企业强有力的对手。对此，我们只能以开放的心态去面对了，拥有一个强大的竞争对手未必是坏事，再说如果企业的领导给员工创造了有归属感的工作环境，员工还会随便离开吗?

所以，企业的领导者一定要有宽阔胸怀，敢于、乐于为自己的员工搭建平台，成就了员工就是成就了企业，成就了自己。

设置你的好“槽”，让“槽”尽显优势

俗话说得好：树挪死，人挪活。其实说的就是人才流动的重要性。但是很多企业的领导者为了管理方便禁止岗位换来换去，这样的管理方式不仅限制了员工的发展，也让员工变得傀儡一般，失去了创新的能力，自然也是对企业的发展设置了阻碍。如果领导者能够改变这种思想认识，让内部的员工流动起来，企业才能改变“死水”的困局。

作为企业领导者都喜欢自己的企业能在自己的管理之下健康、快速地发展。为此，他们愿意接受新的事物，不断学习新的技术。之所以这样是因为每个人都有一种渴望进步的欲望。通过学习，接受新鲜的事物，这不仅是成就领导者的事情，更是成就企业的大好事。同样，鼓励员工“跳槽”，让他们在不同的岗位学习新的技能，不仅满足了员工自己发展的需求，同时也是成就企业的绝招之一。

但是，我们经常看到企业内部很多员工不愿意听取老板的调遣和安排，有时只能用强制的方法来执行，这是为什么？有时候企业内部成员之间矛盾不断，不能够很好地团结在一起，甚至有些员工由于自己岗位的特殊性，他将自己看作是独当一面的人才，这又是为什么？有的员工由于掌握着企业的绝密技术，在工作

中蛮横无理、目中无人，将员工和领导不放在眼里，这又是为什么？

其实，这些都是企业用人机制不合理所造成的。一个人在一个工作岗位一干就是一辈子，这与不能进行岗位轮换不无直接的原因。很多企业只注重领导之间岗位的轮换，却忽视了普通员工的轮换和竞争。这样导致的企业失败例子举不胜举。教训是深刻的、沉痛的，应该引起大家的足够重视。

松下电器中国人事总务部副部长对于这个问题，给出了充分的解答。因为，松下在内部人员流动这一块做得相当好。因为他知道人才流动在很大程度上是给员工一个更好的公平公正的机会，让员工们重新选择企业的机会。这样不仅成就了员工，也成就了企业。

松下第一项强劲的留人措施就是内部招聘。只要松下某个部门缺少人才，他们首先考虑的不是外部招聘，而是在企业内部招聘，这种招聘方式的成功率极高。与外部招聘而言，内部招聘的人节省了人力资源成本，而且很多员工到岗即可上岗，无须岗前培训。有时候为了招聘到一个合适的人才，松下面向世界各分支结构发送招聘启事，很多人认为招聘内部人的条件会很宽松，其实这是错误的认识，在招聘的过程内部和外部人都是一样地对待。因为招聘人不是儿戏，有可能成就双方，也有可能毁了彼此。

在松下招聘的过程中，任何一个面试成功的员工肯定是原来部门的骨干。因为如果他不够优秀，那下一个部门未必能允许他加入。既然这项招聘制度是大家认可的，那么全公司都必须无条件地执行。通过这种方式，将人才吸引到最需要的部门。

有的员工觉得走公司的面试流程的成功率很低，就去找一些关系说情，这也是绝对不允许的，即使这个岗位是空缺的。之所以这样做，就是避免企业内部形成私下交易，对企业发展造成不利。如果一个人想调换岗位，那么就需要按照企业内部的相关程序，逐级进行评估，最后决定是否允许调岗。

如果松下的员工要想调换岗位，必须要有几个不同领域的经验，这样他的提升和前期不同岗位的经验值最好能够有所关联。在一个团队里都有一个轮岗的概念，比如在财务工作一年那么就要在出纳、财务管理岗位轮岗，最后你有可能回到你最初的岗位。公司有一个大框架就是让每个部门的业务都规范化，保证每个人学到不同的东西。松下不仅进行人员个人岗位互换，有时候整个部门也会进行互换。比如做媒体的部门调去做市场拓展。有时为了避免人才集中涌入到一个某个优势部门，松下还不定期将优势部门的人才调到发展比较弱势的部门锻炼，通过锻炼让每个部门的资源配置平衡，最终达到整体的提升。

松下在内部招聘的时候有一套严格的策略。通过考察能够发现有巨大潜力的员工，对于这些暂时没有发挥出特长的员工，松下公司会重新给他选择的机会，让他去其他部门尝试。当然，也有转岗失败的情况发生。

通过松下的例子我们可知，松下之所以能够实行内部“跳槽”，是因为它为每一个员工调换的工作岗位都是有着独特的优势的，这样才能够展示出员工的特长。正是这种特殊的原因，让松下电器走向了全世界，走进了千家万户。

所以，作为企业家在设置内部“跳槽”的时候，一定要凸显出新的岗位的优势，这样才能够吸引人才向你靠拢。

俗话说水往低处流，人往高处走。一个员工在自己公司内部找不到自己发展的空间，那么他就有可能在外面的企业寻找新的发展空间。为了留住人才，企业的领导者在设置岗位的时候，一定要客观地将自己的企业与外面的企业做一下对比，将自己的弱势变成强项，这样才有利于留住人才。

同时，企业的领导者一定要设置一些占据绝对优势的岗位，吸引更多的人才，这个岗位可能是企业发展的重点，也可能是自己企业的招牌，这样会更容易留住内部人，吸引外部人。而且，在设置岗位的时候，一定要对你的员工当前的兴趣爱好做一个分析，然后设置一些与员工兴趣相投的岗位，可以让他们在创造价值的同时还能享受工作的乐趣，更容易招揽人才。

值得注意的是，在设置工作岗位的时候，一定要给员工呈现一个广阔的发展前景。如果设置的岗位是暂时的，不但对员工没有吸引力，反而会增加离职率。

作为一个成功的领导者，想通过搭建平台留住内部人，不仅要因人而异，而且要能够凸显这个职位的优势，这样才能真正地做到口才好的去做业务，思路清晰的去做策划，有耐心的去搞客服工作。总之，“槽”对了，人就对了!

企业家应为员工搭建“跳槽”通道

每一个员工进入公司跟着领导工作，并非只是为了领取那份工资。除了升值加薪外，他们还有更多的需求，比如实现自己的理想，明确自己的价值，主宰自己的命运，促进团队的发展等。每一个职场人的追求都各不相同，作为一名企业领导者你不但不能阻挡他们前进的道路，而且要为他们扫清障碍，或者是创造更好的环境去帮助他们，让他们拥有更多的实现价值的机会。

但是，现实中很多企业领导者处在很纠结的境地，一方面希望自己的手下都是强兵强将，为企业创造更多的财富；另一方面又担心这些强兵强将威胁到自己的位置。其实，这种担心完全是没有必要的，作为一个有胆识、有自信的领导者，更应该制造机会让优秀的员工有更好的发展。这不仅是对自身能力的促进，也是对员工爱护的表现，体现了上位者的胸襟，更能带动整个企业的向前。

一家成功企业的老总讲过这么一个故事。

有一次他去员工的食堂吃饭，无意间看到坐在旁边座位上的员工满脸愁容、闷闷不乐。于是，他端着餐盘坐到这个员工的旁边，边吃饭边和他聊天。起初，这个员工面对自己的领导还有些拘束，通过聊天的深入，他发觉自己的老板很平易近人。于是，这个员工毫无顾忌地将自己心中不快说了出来，他说："我毕业于哈佛大学，当时对我们的公司崇拜得一塌糊涂，所以放弃了美国优厚的工作来到了这里。当时我认为进入公司是我一辈子最佳的选择。但是，现在我发现自己错了！"

老总有些吃惊，问他为什么这样说。他说："我的主管是一个无能之辈。更可悲的是，我所有的行动与建议都要得到他的批准才行。我自己的一些小发明与改进，主管不但不支持，还挖苦我异想天开。我现在对工作失去了兴趣，也很后悔自己放弃了那份优厚的工作来到这里！"

老总听了很吃惊。凭经验，他感觉类似的问题在公司内部恐怕不少。作为管理者应该主动关心员工的苦恼、了解他们的处境，绝对不能打击他们的上进心。

于是，这位老总就此产生了改革人事管理制度的想法。那就是在每周一期的企业内刊上刊登公司各部门的"求人广告"，员工可以自由而秘密地前去应聘，他们的上司无权阻止。另外，公司在原则上每隔两年就让员工调换一次工作，特别是对于那些精力旺盛、干劲十足的人才，不是让他们被动地等待工作，而是主动地给他们提供施展才能的机会。对于员工的晋升通道不设阻碍，反而对于员工的绩效多多给予积极的反馈和肯定。这些措施顿时增加了员工的自信心，从而使得每一名员工都能卖力地工作，直接促进了公司的成长，壮大了团队利益。

可在现实中，上面案例中的老板几乎可遇不可求。很多企业的领导都认为员工的每一次意见和建议都是对自己权威的挑战，于是对员工的态度更加蛮横。作为企业领导者总是这种态度，只会让员工感到不受尊重，看不到自己升职加薪的希望，最后不得不提出离职的申请，因为他的自信与自尊已经被打击得面目全非。

作为企业的领导者应该树立积极向上的企业文化，让每一个团队成员都能得到全员的认可与关注。作为一名企业领导者有责任为自己的下属创造跳入到优势“槽”中的义务。

有这么一个大龄“剩男”，他以前总是全身心地投入工作，每天加班到深夜才回家，有时候连单位给的休假时间也取消掉了。可是，公司的领导发现这个“剩男”有了变化，他不再像以前那么辛勤加班了，反而迟到早退，有事没事就请假，工作的效率直线下滑。

公司领导从侧面进行了了解，发现他家里的情况一切都好，和同事也没有什么矛盾。

难道是问题出现在公司这边？于是领导找“剩男”谈了几次，终于弄明白事情的缘由。他说自己希望得到一次晋升的机会，可是公司的人事部门一直对他无视，原因是觉得他的工作能力还不足够达到晋升的标准。可是，相关部门却并没有将这个决定告诉“剩男”。

后来，公司的领导将公司目前岗位空缺的职位罗列出来，让“剩男”选择，他选择了自己最满意的工作岗位，在很短的时间就创造出了非同寻常的业绩。

可见，作为企业的领导者应该让下属意识到，在企业中要想晋升必须加强工作态度，提升自己的工作能力，展示自己的工作成果，才有可能得到晋升的机会。而公司对员工的评价也必须要及时地反馈给员工，让他及时地做出改善和调整。

现在很多企业人才的来源，一方面是外面招聘进来，另外一方面依靠内部提拔。外部招聘的人员，可以帮助企业在短时间内解决人手不足的问题，但由于不是企业内部培养起来的，就难以保证对企业的忠诚度。所以，内部的提拔成为最靠谱的人才来源。因为这些人熟悉企业的组织结构，熟悉业务流程，只要将他放入最适合他的“槽”中，其他就任由发挥也能够为企业创造巨大的效益。

企业内部之间“跳槽”需要注意的问题

企业内部的跳槽，其实就是允许员工在企业内部根据自己的兴趣、爱好及特长调换工作岗位。很多企业通过这种方式鼓励员工竞争上岗。这样提倡多岗位锻炼的方式，可以帮助员工提高自己的能力，施展自己的才华。

内部跳槽，不仅仅对员工的个人发展大有裨益，对企业的发展也有很多好处。

首先，企业内部“跳槽”可以实现高效人才的完美组合。一个企业有了人才并不意味着拥有了一切。企业不但需要各种人才，而且更需要各种人才的有效组合。一个人的能力永远是有限的，哪怕是天才。只有更多的人才进行组合形成团队，每个人的技术相互交叉、取长补短、互相学习，才能形成强大的团队战斗力。如果将人才固定在一个地方，就不容易找到最合适的合作伙伴。所以，只有将人才动态地配置起来，使得每个人在工作中找到最适合自己发挥才能的位置，这样既有利个人价值的实现又能为企业创造出最大的利益。

其次，企业内部“跳槽”可以防止人才外流。我们一般留人的方式就是升职加薪，但是通过这种方式未必能够达到实际的效果，想走的人还是走了。其实，很多员工离开单位不是为了薪水，也不是为了某个职位，而是看不到自己在这个企业发展的未来。此刻，他们只有寻找新的目标来实现自己的理想。那么，怎样才能不让人才流失又能满足他们的目标呢？那就是让他们在企业内部的岗位流动起来。如果让人才向外“跳槽”必然给企业造成人员成本的增加，还有可能造成商业机密的泄露。那为什么不利用内部人才的“跳槽”来实现员工自己的目标的同时，又能减少对企业的投入成本呢，一举两得，何乐不为？

再次，企业内部“跳槽”是激励员工的有效形式。每个企业家都懂得激励员工，但是激励的办法却比较单一，比如奖金、职位，但是未必能够达到预期的目的。这是因为他们忽略了一个问题，那就是员工的需求是多方面的。所以，这就需要我们在激励员工的时候采取多样化的方法和手段。在企业内部建立合理的“跳槽”制度，也就是相当于建立了“竞争上岗，优胜劣汰”的人才激励机制，为每个人都能够提供不断认识自我、展示自我、完善自我和实现自我的机会与条件。员工有机会选择符合自己职业生涯设计的岗位，工作中就会有一种成就感和满足感。这样的激励形式，比单纯的物质激励更有效。

在一次企业家大会上，有一个企业的老板很自豪地说自己企业的离职率很低，团队的凝聚力很强大，因此，他在五年之内由一个偏远山区的小作坊成为了盛名在外的著名企业。在场的其他企业家都特别想听一听他的管理技巧。这个老板笑了，说自己其实也没有什么特别的技巧。大家都觉得这个企业家在卖关子，大家都催着问成功的秘密在哪里，他笑着说，现在即使有三分之二的员工离职，企业照样正常运转不误。原来，在他公司的员工，如果在自己的工作岗位上觉得不开心、不顺手，就可以调换到其他的感兴趣工作岗位。不仅如此，还可以每半年轮换一次岗位。正是这样，每个员工都熟悉企业生产环节的每个流程，即使有人请假了，也有其他人能代替他继续工作。这样的轮岗制度让员工对新的工作岗位充满了期待，更加卖力地工作，工作效率不断得到提高，而且自身的才能也得到促进和激发，企业也发展得越来越好。

通过内部“跳槽”竞争上岗，让员工从被动地等工作变成为主动地找工作，这样不仅激发了员工的活力，同时也激发了企业的活力。可见，内部“跳槽”不失为一种有效的管理方法，值得大力提倡。

当然，我们也应该面对现实。虽然职场上的一切都在改变，但是有时候内部“跳槽”夹杂着很多与跳槽无关的因素。所以，在跳槽的时候，还需要谨慎，千万不可盲目。经常有跳槽去别的公司的人，因为一时的冲动而后悔莫及。在企业内部“跳槽”同样具有很大的风险，如果员工跳得好，当然会得到一个很好的发展空间，如果跳得不好，反而得不偿失。跳槽之前首先要对自己做一个全面的分析，自己优劣势是什么，然后再问自己一个问题：我到底想要什么？找到自己想要的东西，再进行权衡，当前的岗位是否能够提供自己想要的东西，即将选择的岗位又对自己的发展有哪些好处。

另外，要看员工是否有驾驭自己所选择的新的岗位的能力。能力能够决定一切，不要你只看到某个岗位很好，就盲目跳过去了，结果发现自己根本没有能力驾驭。这样新部门的人看不起你，原来的部门的人又不待见你，那么你又该何去何从呢？

在一次青年再就业巡回演讲中，一个青年的遭遇让人很是同情。他说，自己大学毕业后顺利进入了一家知名的企业，薪金待遇各方面都很好。可是干了半年之后，他发现自己就是在浪费自己的青春，因为这一年来他只是反复地做着一件事。还好单位有轮岗制度，于是他申请去新的部门，领导也同意了。到新的部门干了两三个月，他又感觉没有斗志，于是他再次申请调换工作岗位，领导批准了……慢慢他将轮岗当作了一种习惯，在短短一年半的时间内他将单位所有的部门都走了一个遍。最后，他还是在这个单位找不到感觉，于是他辞职了……

其实，内部跳槽和外部跳槽相比，还是有很大的优势的。有句俗话说“做生不如做熟”，讲的就是这个道理。因为外部跳槽的员工，总是要重新熟悉工作环境和周围的同事，充满很多不可知的因素。而内部跳槽的员工，对整个工作流程和工作环境都会有一定程度上的了解。即使是新的部门，也是抬头不见低头见的人，所以花在重新适应新环境上的时间要比外部跳槽少得多，这就节约了大量的时间成本，可以让自己更快地进入工作状态。

作为企业而言，一定要建立一个企业内部人才流动的健全机制，在一定时间内对企业内部的人才进行盘点。通过这种方式，可以明确当前人力资源的现状，更好地进行人才配置，使人力资源的潜在优势得到最大的发挥；其次，人才盘点也是企业人力资源管理的总结和提高，在发展中回顾，在回顾中发展，实现企业人力资源管理的良性循环；再次，人才盘点也会让企业发现那些不适应发展的员工，及时地把他们从岗位上淘汰下来！

拯救那些跳错“槽”的员工

俗语道：男怕入错行，女怕嫁错郎。可现实中无论任何人都有跳错“槽”的可能，那么入错行了，又该如何“解套”呢？这是一个关键的问题。有的人为薪水而做了新的选择，有的人为职位而换了单位，还有的人为了人情而放弃很好的工作……总之，跳错“槽”的理由有很多，可是有一条一定要明白，那就是在跳错“槽”的时候，想办法让自己保持冷静，然后分析自己到底想找什么样的工作，想明白了再决定去留。

当然，我们在选择职业的时候一定不能是因为不适应工作环境或者另外一家给的薪水高就盲目跳槽，这种冲动的选择，结果注定失败。尤其是当下的一些企业白领，以后的职业道路人生路还很长，跳槽应当是深思熟虑的选择，是自己职业生涯中的又一次提升，而也不仅是职位和薪水。

可是在很多情况下，大家都会陷入这样一个尴尬的境遇，就是目前稳定工作让你过得太安逸，当面临新的诱惑时，就容易冲动地做出了跳槽的选择，但是，你真的考虑好结果了吗？

综合分析一下，跳槽失败的原因有以下几点。

一、对目标公司不了解。很多人去到新公司后才发觉，人际关系不和谐、企业文化与个人价值观不吻合、行业不熟悉难以开展业务等，即便公司本身或行业不错，但平台不适合自己，很难在其中发挥才能。

二、对工作职能的了解不够全面。有的工作虽然看起来差不多，但在不同的环境和行业里，工作职责和内容相差很远。例如IT行业中，工作职能非常细化，职业定位不清，不了解情况，很可能在各种跳槽中越来越迷失。

三、只为了提高自己的薪资而不管职业规划。为涨薪而跳，看起来天经地义，可因此而失败的人比比皆是。如果没有清晰的职业规划，环境、岗位都可能不适合你，高薪也很可能是短命的，再想换工作就被动了。

郑辉是一家美容企业的策划主管，在上一家公司时，公司给他的待遇在行业内是比较高的。按理说，随着经验和能力的提高，他的薪水和职位应该得到提升，可恰恰相反，他已经一年没有涨过薪水了。随着时间的推移，他觉得本岗位学不到更多新的东西。这时，公司又不断地高薪聘请高才能的策划职业经理人，这更是深深地刺伤了他，在看到升职加薪无望后，他想到了跳槽。

不久，他被一家小化妆品公司高薪聘请，薪水的诱惑使他一冲动就跳过去了。可当他真正参与工作时才发现，在新工作中自己常被晾在一边。老板对他的工作干涉过多，而自己的想法也很难得到落实。他是主观性很强的人，总希望可以在这个舞台上大展拳脚，但是新公司给不了他这样的舞台。他想离职，可又不甘，继续待在这的话，工作状态又受不了。

郑辉跳槽的目的是为了高薪、晋升和得到更好的锻炼。而现在的这家小公司虽然涨了薪水，却对他的发展并不利，如果继续在这家小公司待下去，郑辉将离自己的职业期望越来越远。对于郑辉来说，这一次的跳槽基本上是失败了。如果他想成功为自己解套可以借鉴以下几点：

一、坚持做满三个月，确定新岗位是否真的不适合。对于刚跳进新公司的人，如果发现有不如意的地方总会与原来的职务做比较，然后就会发觉当初做了一个多么错误的决定，并想到要二次跳槽。这其实是一种逃避，因为每到一家新的单位，总是需要一段适应时间，至少你可以尝试着做满三个月，再看结果如何。

二、寻找内部跳槽机会。如果你确定自己不适应目前的工作，不妨和老板直说。比如郑辉完全可以与老板沟通，让老板知道自己想要获得更多的学习机会，看老板是不是可以让你在内部跳槽，找一个更适合自己的岗位发挥作用。

三、理性规划后二次跳槽。在确定自己跳槽失败并没有办法和上面沟通以求改变的情况下，只能选择二次跳槽了。不过这次绝对要吸取教训，在做最后的决定之前，问自己两个很关键的问题：这个决定是不是与自己未来的职业目标愈来愈接近？我会因此而让自己的工作和生活更快乐吗？这是最重要的两个问题。

外部跳槽的问题解决了，还有一种跳槽叫企业内部跳槽，万一这种企业内部的槽也跳错了该怎么办呢？

何娜是一家厨具公司设计部的员工，由于年初公司内部进行人事调整，设计部门面临着重新洗牌。有些工作不得力的人员直接被开除，大部分处于危险地带的人员面临着重新选择岗位的问题，要么去待遇更差的部门，要么就自寻门路把自己往好的部门推销。

何娜很幸运，在这个危机的时候顺利跳到了办公室下属的行政部，开始了行政部的日常工作。按照公司的薪酬制度，行政部的工资比一般部门的工资高很多，因此这次内部跳槽对于何娜来说，更像是一次升职，不仅工作变轻松了，工资也涨了不少。

然而在同事们各自作鸟兽散后，何娜原先所在部门的同事对她的这次内部跳槽却颇有微词。按照公司的制度规定，何娜的资历并不是最老的，却因为这次内部跳槽换到了更好的部门。有些不服气的同事就在私底下说何娜有后台、背景硬，才造成了同部门同事之间换岗相差悬殊的结果。一些好事的同事开始在公司散布有关何娜不好的传闻，说何娜之所以能跳到更好的部门是因为跟公司某高层有暧昧关系。

这些话传到了何娜现在领导的耳朵里。渐渐地，领导对何娜也有了异样的看法。好几次把何娜叫进办公室谈话，绵里藏针地挑她工作上的毛病，或者就找些莫须有的问题给她施加压力。每次从领导办公室里出来，何娜都知道自己没有退路，只有更加好好工作，但是领导依然不依不饶，而公司里的流言蜚语也没有消停。那段时间，何娜几乎要崩溃了。她觉得反正怎么努力都一样，还不如干脆在办公室里浑浑噩噩地混日子。

作为企业领导者，如何去拯救那些在企业内部跳错槽的员工呢?

一、作为领导应该包容员工的错误，重新给他机会。跳槽的员工并不是无事生非的捣乱分子。每个人都想找一份自己喜欢的、挣钱多的、活儿轻松的工作。员工为了这些跳槽也是人之常情，所以作为企业的领导者，应该容忍他一时错误的决定。

二、创造新的平台，让你的员工去展示。作为企业的领导者，你的员工选择跳槽并不是本人的错误，很多时候都是公司内部出现了问题。此刻，领导者应该站在员工的角度看待问题，有必要的时候，还要根据员工的性格特点、工作能力，设置一些能够展示他能力的平台。员工高兴了，工作业绩自然上升了。

三、要对你的员工给予充分的信任。很多员工在犯了错误之后，他的老板就不再信任他了，处处提防着，担心他在工作中再次出错，这种提防会伤害员工的自尊心。只有给予充分的信任，才能让他觉得自己是被认可和关注的，才会在工作中更加努力。

跳槽并非加薪升职的捷径，在选择新平台时，做好考察工作，多一点了解，就能少一分风险。此外，即便是在正确的方向上前进，也难免会遇到挫折和困难，保持积极、乐观的心态非常必要。少些抱怨，多些坚持，才能真正有所收获。

PART 8

让人才踏踏实实地去工作

挖掘一个人才不容易，留住一个人才更不容易。很多领导者犯了一个重大的错误就是费了很大劲挖来一个人才，结果没有几天对方却离职了。人才流失的一个很重要的原因就是平台无法让他充分实现自己的价值。作为一个优秀的企业必须拥有一套完善的制度保障，这样不仅能够激发斗志，激活创新思维，而且能够让员工有归属感，为人才的发展保驾护航。

完善制度才能为团队保驾护航

完善的制度不仅是保证员工利益的砝码，同时也是捍卫企业利益的利剑。

俗话说“没有规矩不成方圆”，一个企业有严格的管理制度，并且能够彻底地执行，那么才能提高竞争力和战斗力。如果一个好的制度得不到彻底的执行那只能是一副摆设。

完善的公司管理制度可以帮助企业获得最大的效益。一般来说，在企业的日常管理中，公司制度都有一定的强制性，大到公司制度，小到员工的日常生活，都是为了能够保障企业和员工双方的权利和利益而服务的。企业完善的制度是为了实现企业目标而制定的措施和手段，它要求员工必须按照一定的规范行为去活动，并且能够使得员工的个人生活得以合理顺利地进行，同时也是可以维护员工共同利益的一种强制性的手段。因此，公司各项管理制度，是公司进行正常的生产经营管理所必需的，它是一种强有力的保证。优秀公司的管理制度必然是科学、完善、实用的管理方式的体现。

好的企业必须要有好的制度，如果没有好的制度企业是难以发展的，这就是为什么我们会经常看到很多员工受到处罚，有的员工受到奖励的原因。如果企业不能够从制度上严格要求员工，必然会降低员工的积极性，在工作中的效率肯定也不会高，这就必然会对公司造成很大的影响。比如：今天我们要给客户交货，可是由于某些员工个人的拖拉而不能够按时交货给客户，那么势必造成客户对企业的不满，那么，对客户以后与我们的企业继续合作一定会产生质疑。客户喜欢有效率的企业，企业则喜欢高效率的员工。要想提高效率必须要有制度上的约束，如果任务完成与否都同样对待，必然对那些高效率的员工是一种打击。只有制度上有保证才能提高效率，才能有利于企业的发展。

但是，目前我们可以看到很多企业在制度上面都有严重的缺失。比如有的企业是有制度，但是大家只是走形式、敷衍了事。由于缺少监督体系，这样不仅起不到制度的约束作用，还浪费了更多的人力、物力和财力。对此，我们就要进行深刻的反思，到底是什么地方出现了问题？是制度本身有问题还是大家的纪律性太差？如果制度不合理，一定要及时改进。如果是员工的纪律性不强，那么一定要加强宣传力度，在必要的时候采取相应的强制措施。如果每个人都养成了遵守制度的良好习惯，我们的工作才能健康快速地展开。如果制度虽然建立却得不到落实，就会让大家都抱着侥幸的心理，那么制度就失去了它本身的权威性。只有建立合理的制度、科学的制度，让全体员工尊重公司的厂纪、厂规，严格按照制度来执行奖惩，才能让我们的公司健康有序地发展下去。

有一家物流集团公司，尽管在一个很小的城市起步，但是由于老板很有魄力和商业头脑，再加上凝聚力强大的创业团队，使得这家公司在很短时间就成为国内实力雄厚的物流集团，它的业务遍及了全国各地大中小城市。

然而公司在进入成熟期之后，却出现了一个怪现象：公司承揽的业务，不但没有盈利，反而常常亏本。对于这个问题，公司领导想了很多办法，可都无济于事。长此以往，公司陷入了极大的困境，最后竟然被其他大公司收购。

后来，经过专业团队的考察研究发现，导致这个公司失败的原因很多，但是有一个关键之处——制度执行不够彻底。实际上，这家公司拥有完善的制度体系，而且极为细致。但是却设置了很多的管理层。由于管理过多，导致制度在执行过程中变得繁琐，层层都需要审核、评定。这些都严重损害了公司的活力，也使得运营成本大幅度上升。在这个“快鱼吃慢鱼”的社会，信息反应灵敏才是企业的生存之道，可这家公司的信息却反应非常迟钝，这都导致了这家公司昙花一现的命运。

可见，作为领导者，在管理团队时，必须要借助于制度对员工和企业进行约束和管理。但同时，我们又要让制度充满科学性与可操作性，只有这样，才能靠制度制胜。

一家公司打算从业务部门挑选一个部门主管，经过层层筛选，只有甲、乙两个人进入接受考核的范围。员工甲为人处世比较圆滑，但做事有些拖沓。员工乙做事讲原则，认真，积极进取，唯一缺点就是他是个直性子。

在考察期间，由于乙是个直性子，所以与部门经理之间由于业务问题产生了分歧，最后争执了起来。而员工甲趁机去安慰部门经理，这让部门经理觉得甲比乙的能力强，于是极力推荐甲当部门主管。

这让员工乙非常不服气。在乙的眼中，甲除了会说甜蜜的话之外，没有任何的优势。而且根据公司的制度规定：如果员工的业绩量每月达到150万以上，那么半年工资就会提升10%。如果保持在一年以上则会被提升为部门主管……乙觉得自己达标了，但甲却没有。而且就因为自己与部门经理吵了一架，不但不给自己升职加薪，反而却给甲升职加薪，无论如何都难以接受。于是，便把情况上报给了公司领导。

公司针对乙反映的情况，进行了深入调查，发现乙反映的情况属实，同时也了解了乙与部门经理吵架的原因。原来，员工乙的客户急需一批货物，他将这个情况反映给部门经理，并申请由自己安排发货，可部门经理却觉得没有必要太过着急，结果导致客户急用的货物没有及时送达。乙认为部门经理没有尽职尽责。这导致了部门经理对甲的提拔，对乙的打压，有打击报复的嫌疑。

后来，在选拔部门主管的时候，员工乙被顺利提拔，部门经理似乎有些不高兴，他觉得乙性子太直不利于管理。公司领导郑重强调：既然制度考核中有明确的规定，那一切都必须按照当前的制度执行，没有任何理由不去执行。在制度面前，一定要体现其公平性，对每一个员工都要一视同仁，更不能因个人的恩怨使得制度成为一纸空文。

很多优秀公司的成熟制度并非是一朝一夕完成的，而是经过长年累月的积累，根据自己企业的实际情况进行修正完成的，甚至有些制度一开始还是错误的。所以，在执行制度的时候无论正确与否先执行起来，然后再根据情况进行修正，否则永远不会有好的制度。

同时，在制定制度的时候一定要遵循民主集中制，在这个过程中，每个员工都可以提出自己的意见和建议，以保证制度对于所有的成员都是公平性的，这样才能保证制度在执行的过程中能得到团队成员的接受。如果制度的制定，仅依靠某个身份和地位特殊的人来个人拟定，那必然会遭到员工的抗争。因为那不但无法保证员工的正常利益，而且是对员工的利益进行剥削的霸王条款，这样的制度谁愿意遵守呢？可见，好的制度只有公平合理才能让员工接受，才能真正保护员工和企业的利益，才能为团队的成长保驾护航。

制度千万不可生搬硬套

我们知道，现在很多企业领导在管理企业的过程中并没有一套切实可行的制度，而是全凭着自己的经验制定出一套规矩而已，于是这些规矩在日常工作中被大家抛之脑后。还有的企业即使拥有了完善的制度，可却没有激发出企业该有的活力，这又是为什么呢?

其实最根本的原因就是这套制度或者规矩，并不十分符合这家企业的发展。很多企业领导者在制定企业制度的时候具有很大的盲目性，看到哪个企业做得好就赶紧将人家的制度完全照搬过来，然后强制执行。从没有从自己企业的实际情况出发，认真分析、研究照搬来的制度是否适合自己的企业发展。这种照搬的别人管理制度，盲目地进行头疼医头、脚疼医脚的方法，必然会引发公司的不适应，甚至最后将公司带进了死胡同。还有的企业领导者耍小聪明，为了减少自己的麻烦，在制定企业制度的时候想走一条捷径，不照抄别人家的制度，而是继续沿用企业在创业初期制定出来的制度。其实，这更是大错特错的。随着社会的发展与进步，人文环境、思想观念、价值观等都发生了翻天覆地的变化，如果依然用旧的制度来约束现在的人，肯定没有人愿意接受，即便受到老板威严的胁迫勉强接受，也一定会在执行的过程中出现阳奉阴违的现象。

如果一个企业的思想不够开放，那么再先进的管理制度也不能达到理想的效果。就好像用五星级的管理标准去要求只有二星级的团队，最终导致什么样的结果就可想而知了。因此，我们要以一种理性的管理观念去制定制度，去管理企业。不要盲目地认为管理越现代化就越好，而是要首先考虑能不能适应自己企业的发展，推行之后会带来什么样的效果。如果生搬硬套，不但不会起到促进企业发展的目的，反而会带来意想不到的效果。

有一个年轻的企业家，初中毕业就开始创业了——开饭店。经过这些年的发展，在当地开了好几家分店，在当地也很有名气。由于本人姓张，大家都叫他张总。

别看张总没有多少文化，但却有着远大的目标和理念，他想将自己的饭店打造成麦当劳，或者肯德基这样世界著名的餐饮品牌，通过一套成熟的制度，让自己的饭店在全世界的各个角落都开花结果。

于是，张总向一家咨询管理机构求助。可咨询专家却对他在全世界开连锁店的想法并不看好，而是建议他先做好中国市场，站稳脚跟再向外扩展。

对于专家的建议，张总并不认可。他觉得如果不快点行动，国外的市场份额就会被别人抢占，所以要先下手为强。于是，张总不顾专家的建议，毅然花费重金从国外某著名餐饮行业挖过来一名高管，想用对方一流的餐饮管理手段对自己的饭店进行管理，以提早与国际市场接轨。

这位高管到了饭店之后，将张总制定的制度统统撕毁，虽然张总有些心疼，但是为了让自己的餐馆走向国际市场，他忍了。公司在新来的高管参与下，制定了一套全新的管理制度。在接下来的日子里，张总总是开会，目的就是动员大家学习并落实国际上一流的管理理念。经过一个月的培训学习，新的企业管理制度正式开始实施。本来大家都认为有了这套先进的管理制度，公司一定会得到快速的发展。可却不曾料到，新的管理制度根本无法在张总这个餐馆执行下去。

就拿最简单的考勤制度来说。新制度颁布之后，在餐馆安装了一台打卡机，不仅上班得打卡，下班得打卡，请假还得层层报批，而且还不能让别人代班，即使需要代班也必须提前写申请，由公司统一安排。刚开始，大家还勉强执行着，可是慢慢地有事需要请假的，觉得写申请报批太麻烦，还是依照曾经的老规矩来办。店长也能够理解大家的苦衷，只好当作不知道这件事。而且代替别人打卡的情况越来越严重，有的人起床晚了，赶紧给同事一个电话，让同事替自己打卡。张总很快发现了这种情况，立马换了一台指纹打卡机，可是新的情况又出现了。原来，一些洗碗工都是临时工，也就是在饭店忙不过来的时候过来帮忙洗碗，平时都是待在家里。本来挣的钱就不多，上下班还得打卡，迟到早退还被扣钱，有事请假还得申请，所以他们不干了。

于是，只好重新招聘洗碗工。可是招聘了一两个月都没有一个人愿意来，即使有来的试用了一天就不见人了，饭店的其他工作人员也在不断地流失。饭店的业绩越来越差，新、老顾客也越来越少了。

大家看到本来好好的饭店经过这么一折腾，一天不如一天。张总的初衷是想让饭店有一个更好的发展，可是却适得其反。

可见，要进行现代化管理，必须得考虑新的制度能否适应企业本身的发展。如果企业还不具备承受能力，强行实施生搬硬套的新制度，不但不会起到良好的推动作用，反而会带来不必要的损失。一个好的管理制度的形成，不是一朝一夕的，它是在企业生存发展的过程中经过一点一滴的积累和不断修正而完善的。

很多时候，我们可以看到，有的企业从管理人员到管理框架、管理方式，一直都在变化，却从来不考虑企业的承受能力。结果推出一套套不切实际的管理制度，却又无法实施。

其实，企业的管理理念就是一个现代化管理和企业适应性有效结合的过程。要想制定科学合理的制度，就必须深入调研，不可闭门造车。现代化企业管理制度的形成，是经过一个自上而下、自下而上、后退又不断前进的过程。因此不可急功近利，应戒骄戒躁，并且要有一个长远的规划，了解企业真正的发展状况，这样制定出来的制度才不会阻碍企业的发展。

健全的薪酬体系凸显人性

企业拥有完善且合理的考核制度才能分出好与坏，才能提高工作效率，才能优胜劣汰，才能让优秀的人更加优秀。一般来说，考核通常是从企业最终的目标出发，用一套系统的、规范的程序和方法对员工工作中所表现出来的工作态度、工作能力和工作业绩等进行以事实为依据的评价，并使评价以及评价之后的人力资源管理有助于企业经营目标和员工个人发展目标的顺利实现。

现代企业的考核体系越来越受到用人单位的重视，可见，健全的考核制度对推动企业用人制度的改革、提高员工的积极性都有着不可替代的作用，并对企业“尊重知识、尊重人才”的风气与机制建设产生深远的影响。

我们都知道考核是对员工劳动付出的一种反馈，同时也是支付薪酬多少的重要依据。如果绩效考核不公平将导致企业员工的流失、满意度不高、效率低下等问题的出现。所以，考核的公平性在一个企业中是十分重要的。

这是一家国内相当有名的家电生产企业。由于企业发展的时间较为久远，人员数量也很庞大，所以在企业内部出现了严重的论资排辈的现象，这一现象严重影响了企业的发展。于是，公司想通过薪资制度改革，实行岗位工资制，进而树立公司公正公平、改革必胜的决心。改革的内容是：以市场、行业差别确定公司各类岗位的工资差别和标准，通过工作岗位评价，确定各岗位的薪点数。另外，企业打破了曾经那种只要在这里上班一天就有工资拿的旧习，而是想要拿到工资必须与所在部门的经济效益相挂钩，与员工为企业创造的效益挂钩，然后折算出每个员工所得的薪水到底是多少。公司新推行的这种制度，避免了原来的薪资上的种种不足。

改革之初，大家对这种新的制度充满了信心，但是随着时间的推移，公司人员的增加，企业管理人员也急剧增加，公司的薪资制度的弊端暴露了出来。员工的工资连续一年多没有发了，制度里面说好的什么提成、季度奖、年终奖、补助什么的没有一项能够兑现，这对一些比较爱偷懒的员工是打击，更重要的是对那些有上进心、工作认真、效率高、业绩突出的员工来说，这种状况令人失望，尤其这些优秀的员工因为不知道企业对自己的工作情况的评价到底是什么。如果觉得工作得好，那就应该按时发工资啊！还是老板觉得自己不能够胜任这份工作，以停发工资、停止福利待遇等形式逼着让自己主动离开？每个员工对企业充满了猜忌，渐渐有些优秀的人员离开了，接着越来越多的人离开了企业。人员的流失，使得企业的士气低落，公司的竞争力减弱。此刻，企业领导才意识到问题的严重性，赶紧召开会议研究解决的方案。

通过上面的事例我们不难看出，一个企业如果不认真贯彻薪资制度，那么最后只能是被员工遗弃，进而被社会抛弃。因此，科学合理地执行薪资制度才是最为关键的。因为员工的薪资待遇体现着企业的发展战略，成为一个企业实现战略目标的重要支点。如果企业发不了工资，员工首先想到的是企业发展过程中肯定遇到了什么问题，长期不发工资，员工就会想这个公司发展到底有没有问题，自己不得不为前途着想。于是，很多员工为跳槽做准备，最后企业落得人财两空。

因此，我们不仅要制定完善的薪资制度，而且让薪资制度能够完整地、准确无误地执行下去。

一家国外的调查组织对以往20年的企业情况进行调查后发现，几乎所有的工种，员工都将工资和收益视为最重要和次重要的指标。可见，薪酬对于员工的工作有着怎样巨大的影响。薪酬极大地影响了员工的工作选择：在哪里工作，是不是努力工作。

而管理者习惯了将企业的货币资本视为最重要的资源，在这样的理论基础之上，他们也习惯了由管理制度来制定岗位工资的做法。员工们已经对这样的薪酬体系表现出极大的不满，当他们的工作能力不能在薪酬上得到体现时，他们就会选择跳槽，以便拥有更多的薪水。

让员工感到不满的薪酬体系确实有着一定的弊端。岗位工资并没有体现对人的尊重，没有把人作为一项重要的财富，体现不出人的差异性，而是体现了在企业中一个岗位的重要性，是管理者从自身的角度出发，认为一个岗位对于整个企业的运转起多大的作用，便付出多少薪水。如果同一岗位上的员工无论工作成绩如何，都只能得到同样的工资，那员工们就不会再努力工作，因为他们感觉到自己的工作是没有价值的。可以说，这样的薪酬体系只体现了一个岗位的重要性，根本没有关注人的需要，忽视了每一个人的不同，这与以人为本的管理思想无疑是冲突的，自然无法在管理者和员工之间建立和谐关系。

为了避免薪酬体系中的这些弊端，改变员工们的不满，管理者有必要实行新的薪酬体系，为员工建立起有竞争力的薪酬体系。因为在市场竞争日益激烈的今天，企业内部某个岗位的工作已经不是长年累月毫无变动的固定工作，而是会随着环境的变化进行相应的变化，这对员工的应变能力提出了更高的要求。如果员工承担了更多的工作和责任，工作范围大大增加，但薪水却维持不变，只能使员工的工作积极性下降。所以，员工需要有竞争力的薪酬，这对于他们所承担的工作职责是一个准确的反映。特别是对于那些出类拔萃的员工来说，高薪酬是对他们工作能力和个人价值的肯定。对于企业来说，也就是具备了留住优秀人才的基础条件。

现代企业中，组织结构渐趋扁平化，企业内部通常是由不同的团队形成的组织形式，这使得员工们被提升的机会大大减少。员工不能通过提升来获得更高的薪酬，又只能领取相应职位的薪酬，他们的个人价值得不到体现，工作积极性就会大受影响，进而使得他们的工作效率下降，甚至选择离开。管理者为了不让人才流失，保持自己企业的工作绩效，就要将员工的收入和技能挂钩。在员工的能力基础上确定薪酬，工作能力高的就会得到较高的薪酬，这对于员工工作积极性的提高无疑是一个极大的激励，而且充分体现了员工个人成长的需要。在这样的薪酬制度下，员工不再被限制任务以便和其岗位职责一致，而能够最大限度地发挥自己的个人技能。

在现代企业中，管理者和员工是合作伙伴的关系，管理者不能通过命令之后再奖励的方式完成对员工工作的肯定。如果管理者仍然按照在雇用和被雇用的关系下的奖励方式对员工进行激励，只能得到员工的反感。员工当然有权利为自己的出色工作争取奖励，管理者不应该在这件事情上抱居高临下的态度。一些企业为了使自己的薪酬制度让员工满意和长期有效，采用了让员工参与薪酬制度的设计和管理的方式。国外一些公司经过长期实践表明，这一方法取得了良好的效果。在员工参与薪酬制度的设计和管理过程中，管理者和员工之间建立了良好的信任，并且使得薪酬系统更符合企业的实际绩效水平，更加公正合理。

很多优秀的企业都会进行多种更有效的薪酬系统的尝试，取得了良好的效果。IBM公司率先实行了年薪制，在对员工充分信任的基础上，使员工在工作之前就能够领取酬劳。计算酬劳的标准是员工的职责范围、承担的责任和员工的诚信等多方面的综合因素。这一更具人性化和科学性的薪酬体系受到了员工的广泛欢迎，使员工得到了极大的激励。

一些企业则采取了根据工作的复杂程度来确定薪酬的制度，为每一项工作都设立复杂性指标，借此对员工的工作进行评价，员工的每一项努力都得到了肯定，同样取得了良好效果。

爱立信公司采取了弹性工作制来激励员工，这种把员工的业绩和工资挂钩的做法充分调动了员工的工作积极性。现在，许多对员工的业绩有较高要求的公司都采取了这样的薪酬体系，员工有一个保底工资，没有上限，如果业绩很高，就可以取得很高的酬劳。这对于员工个人能动性的发挥是一个极大的激励，员工的差异性得到了充分的肯定和尊重。奖励也是和业绩挂钩的，而不再是诱饵，是对员工出色工作的一种肯定。

健全的考核制度体现了不同员工的差异性和员工的个人价值，对于员工个人能动性的发挥是一种极大的激励，管理者只有意识到这一点，才能够体现出对员工的充分尊重，使分配更加公正合理，最后才能为企业的发展注入更大的动力。

避免独裁的管理方式

企业管理中的独裁现象在今天屡见不鲜。

只要是职场中人，就会经常性地面对上级管理者或者企业拥有者独裁似的管理模式，我们经常会听到这样的声音：“你说了算还是我说了算”“想不想干了？给你开工资你就得给我干活，你不愿意干还有人排队呢，不干就滚！”

当今职场竞争确实激烈，这就使得大多数人不敢轻易辞职，也正是这样的情况造成了企业管理者认为“人有的是，这个走了那个来”。这样的老总们从来没有想过是谁给他创造了业绩，他会每天都惦记着“某某业务员今年从我手里赚走了十几万”，却从来不会去想“某某业务员今年给我创造了几十万、几百万的业绩”。他们认为是他成就了员工，却从不会想他与员工之间并非永恒的雇佣关系，只是短暂的合作关系。

于是那些毫无业绩的人反倒心安理得地在公司平安度日，那些业绩突出的员工反倒成为独裁老板的眼中钉。独裁的管理者往往听不进去别人的不同意见，他们认为他就是上帝，他的经验就是真理，别人的不同意见那都是能力有限的借口。

于是会出现这样一种情况，公司发展得好，那是因为领导者的决策正确，如果公司出现状况，那必然是员工的执行力不够强，却从来不找自己方面的原因。

在北京最繁华的CBD核心区，有这样一个老总，他从来听不进去别人的意见，对手下员工向来都不认为他们有独立的人格，只要有人反驳他的意见，他马上会说“你有什么资格反驳我？”，而当他劈头盖脸地骂过自己的员工后，员工马上就要辞职时，该老总又会说：“你在我这里学了那么多东西，说走就走？这个月工资扣了。”

相信，这一类的企业管理者不在少数，不少人都遇到了这样的企业管理者。

我想说，这样的企业必定是短命的企业，历史无数次地证明了独裁的下场必然是江山社稷的顷刻坍塌，因此，当你遇到了这样的企业老总，请抬腿就走——除非，你真的能学到点东西、赚到点钱，即便如此也只能是权宜之计。

独裁的管理方式会使企业管理者成为一个离群的孤雁，高高在上而完全失去员工的信任。训斥、监控、惩罚、威胁和命令已经不是一个现代企业管理者应该使用的管理手段。在需要借助团队力量获取成功的时代里，人与人之间的分工合作显得更加重要，企业管理者也需要与员工进行伙伴式的合作，而不是采取独裁的管理方式。

在社会分工越来越细致、人们越来越强调专业精神的今天，企业管理者实际上没有什么事能够自己干。生产计划的制订需要参考销售部门的数据和报告，技术的改进需要从服务部门那里得到更多的顾客意见，企业决策的制定也不是管理者一个人的事，任何决策方案都是由员工来执行，他们的意见才是来自第一线的声音，而且已经有越来越多的企业认识到了思维模式固定的危险，于是他们聘请了“外脑”来参与企业的决策。但如果管理者独断专行、闭门造车，那他制定出的自认为完美的决策方案很可能根本无法实施。

在一些企业里，企业家作为领导掌握着公司大部分的所有权和经营权，这样过分集权而没有监督机制，容易使他们出现经营失误和决策错误。他们在快速获取的胜利面前变得独断专行，独裁的管理方式使他们一意孤行，听不进下属的意见。可是，自己干的结果只能是决策的失误和人心的离散，最终他们不得不面对失败的结局。

休厄尔·埃弗里就是一个典型的例子，他曾经成功地挽救了沃德公司，但同样是他，又几乎倾覆了沃德公司，原因就是他的独裁管理。在经济大萧条最严重的1932年，受沃德公司的董事和股东之托，埃弗里临危受命，挽救这家岌岌可危的公司，因为沃德曾在1931年出现了870万美元的巨额赤字。埃弗里将一批年轻有为的经理人员召集在自己的周围，他在沃德公司的存货中增加许多高档品，他使公司重新进入了时髦商品市场，并改进了商品目录，关闭了70家亏损商店。

经过一番艰苦的努力，埃弗里成功了。12年后，他已把1931年的870万美元的亏损扭转为1943年的2043.8万美元的盈利。

事情如果到此为止，埃弗里可谓功成名就。但在公司经营顺利时，埃弗里却犯了一个不可饶恕的错误，即对企业实施独裁和错误的领导。埃弗里以铁腕手段控制着沃德公司，不接受任何异己之见。在他任职期间，有3位总经理、24位副总经理和许多其他高级管理人员先后离开了公司。由于埃弗里的独裁，公司很难留住那些能干的经理人员，因为他们希望能够享有自主权，来做出积极进取的决策。由于沃德公司没有民主决策机制，所有决策都由埃弗里做出，所以难以保证决策的团队化执行。

如果企业领导者总是一个人制定决策，对员工提出的建议根本不理睬，最终只能使自己成为“一言堂”的堂主，彻底失去员工的信任。员工的积极性被挫伤，就会产生对抗情绪，即使在管理者想要征求意见时，也会反应冷淡。而且，管理者将制定决策的大权独揽在自己手里，就会让员工失去责任感，他们会认为反正是由管理者一手制定的决策，成功与否都是管理者一个人的事。这样，在执行决策过程中，员工也会敷衍了事，而将责任的重担压到管理者一个人的肩上。如果员工的积极性和主动性下降，整个组织的竞争力将会大大削弱。

特别是在企业规模扩大的情况下，企业面临的不确定性因素也在逐渐增多，企业领导者一个人的智慧有许多局限性，如果不发挥集体的智慧和热情，往往会将企业置于险境。独裁式的企业领导者不但得不到员工的拥戴和欢迎，而且无法为企业创造更多的价值。

所以，领导者摒弃独裁式的管理方式，无论对于调动员工的积极性还是促进企业的发展来说，都是必要的。

秉持合作的理念，认可员工的价值

现代管理都大力提倡员工之间要相互合作，避免过度竞争。其实领导者和员工之间也一样，是合作伙伴的关系。只有相互合作才能更好地工作，使企业的各项决策得到更好的执行，促进企业的快速稳步发展。企业领导者也要提高自己与人合作的思想和能力，善于选人用人，使员工的才能得到充分的发挥。

我们知道在知识经济时代，人才就是企业最大的竞争力。所以，企业都在想尽办法网罗人才，借助于人才的知识和智慧推动企业可持续发展。而对于领导者来说，为了更好地与员工合作，首先就要选用真正的聪明人，有利于企业发展的人才，才能形成推动企业发展的中坚力量。

尽管每一位领导者都认识到了人才的重要性，但并不是每一个人都会选用真正的人才为企业服务。因为人才大都思想活跃、个性独特，甚至会有一些特立独行，领导者担心一旦选用这样的人才将难以领导，甚至有可能会造成“功高震主”、难以控制的局面。领导者有这样的思想时，自然难以与那些真正的聪明人合作，也无法为企业的发展选用更好的人才。而且，这样的领导者在用人时会千方百计压制那些有想法、有创意的员工，不肯为这些员工提供更好的发展空间，担心他们的成绩超过自己。

领导者首先要在思想上对人才有充分的认识，懂得怎样和有才华的人合作，才能打破选拔人才时自私和功利的目的，才会充分地尊重人才。选拔人才要依照人才能力高低和品质好坏来进行，而不是依照领导者的个人私利。领导者选择真正的聪明人为企业服务，就能为企业网罗大量的精英人物，建立起一个巨大的能源库，提高企业人力资源的价值，为企业的发展贡献更大的力量。同时，还会向外部传达出企业注重人才的信息，从而吸引更多的优秀人才。

美国钢铁大王卡内基说，他本人对钢铁的制造、钢铁生产的工艺流程知道得并不多。但他手下有300名精兵强将在这方面都很精通，他正是善于任用这些聪明人，才能够将能力比自己强的人聚集在自己周围，从而取得了事业上的成功。

领导者不能凭借自己的好恶选人，这样很容易选择出一些和自己的思维方式一致的人。

IBM大中华区董事长兼执行总裁周伟说："作为一位高级主管你如果不能容人，只喜欢提拔那些想法、做法和你一致的人，就会在你的周围聚集一批与你的思维相似的人，那时，这个主管就很危险了，因为当你江郎才尽之时，你周围的人并不能帮助你，因为你们的想法和做法都几乎是一个模式。所以作为一位高级主管一定要能容忍那些与你的想法、做法、教育、背景都不一样的人。"有容人之量的领导者才能够很好地和那些才华出众的员工一起合作。

一个懂得与人合作的优秀领导者一定要有爱才之心，而不能嫉贤妒能，这样才能在自己的周围聚集起更多的聪明人，更好地为企业发展服务。

美国福特公司总裁福特就是一个这样的领导者。1923年，福特公司的一台大型电机发生故障，而公司里所有的工程师集体讨论，都无法排除这一故障。后来，在别人的推荐下，移居美国的德国人斯特曼斯来到福特公司并排除了电机的故障。福特很高兴，当即付给斯特曼斯1万美元，并挽留他在福特工作。斯特曼斯当时在一家小公司工作，但他觉得公司待他很好，他不想离开。福特当即决定将斯特曼斯所在的整个公司买下来。为了人才而买下一家公司，福特有这样的胸襟，自然能够和那些才华横溢的员工合作良好。

选择那些真正的聪明人进入公司，才能够推动企业的发展。领导者能够尊重人才，才是和员工之间良好合作的基础。领导者有尊重人才、重视人才的意识，才能够和员工进行更好的沟通，耐心听取员工的意见，为员工提供更好的发展空间。

领导者要和员工之间实现良好的合作，除了要能够容人之外，还要给员工提供能够让他们发挥才能的机会和环境。有一些“管家婆”式的领导者，总认为自己经验丰富，不相信员工能够独立工作，对于员工的工作，事无巨细都要过问和指点，让员工按照他的规则办事，以至于员工在工作中毫无自主性，这也是埋没人才的一种体现。为了能够和员工合作良好，领导者必须摈弃这种管手管脚的做法，让员工有自由发挥的空间，从而增强员工的责任感和自主意识，从而更高效率地工作。

为员工提供详尽工作方案的领导者往往让员工觉得反感，因为他们觉得自己的工作能力受到了怀疑，感受不到来自领导者的尊重，甚至会消极怠工。特别是那些思维自主性较强的员工，他们有自己的行事风格，所以希望领导者给自己提供一个可以自由发展的舞台，一个能够充分发挥创造力的空间和环境，只有在工作中遇到问题的时候才希望得到来自领导者的意见和建议。一个只是告诉他们需要“做什么”和达到什么标准的领导者，在他们看来才是一个良好的合作伙伴，至于“怎么做”，他们希望自主决定，不必请示也不必汇报。

一位心理学家说：对于创造者来说，最好的刺激是自由——有权决定做什么和怎么做。在美国的许多高科技公司里都采用了注重行为结果的管理方式。公司不规定员工什么时候做什么事，而是给出特定任务和完成期限，具体的工作过程都由员工自主决定。每个员工都有自己的工作范围，可以独立处理自己权限范围内的事，不用向上级汇报或请示，公司以最终结果来衡量员工的工作成绩。这样的管理方式，给了员工最大的自由空间，而员工回报给公司的则是极大的努力，从而形成了良性的循环。

在马斯洛的需求层次理论里，当人的生存和安全需要得到满足之后，他们最急切的需求就是赢得尊重和自我实现了。而领导者这时和他们的合作已经不仅仅是为他们的工作提供报酬，还包括给他们更大的发展空间，让他们迎接更大的挑战。当员工们的能力得到充分发挥后，员工才能够从中得到极大的满足和归属感。所以，领导者要和员工之间合作良好，就要适时给他们提供更具挑战性的工作，引导他们开拓更大的工作空间，委以重任，让他们放手去做，而不是束缚和控制他们。

领导者的管理并不仅是对员工进行领导，还包括与员工之间的合作，员工的成长就是企业的成长。所以，领导者为员工提供更好的成长环境和成长空间，也就是为企业提供更大的成长机会。领导者要提高自己和员工合作的能力，这样才能推动企业的持续发展。

PART 9

让你团队每个人不断增值，你才能不断升值

企业要想快速地发展必须要给员工搭建可持续发展的平台，让员工在这里不仅仅是工作，而是实现自己的人生价值。那么，就需要企业家为人才的发展扫清道路，给员工更多的学习空间，不定期对员工进行培训，帮助员工发现和挖掘自己隐藏的潜能，让你的员工不断增值，只有这样作为领导的你也才能不断地升值。

员工的价值就是你的价值

如果一个企业拥有很多在业界有影响力的员工，那么这个企业和企业领导者的价值也就会在无形中翻倍。同样道理，如果一个企业能不断地帮助自己的员工成长，并把员工自身价值的实现与企业的发展有机结合起来，让员工与公司一起成长，那么不但员工的价值实现了，企业的价值也同样实现了。

丰田也有这样的惯例，人力资源经理大多是其他部门轮换过来的，因为他们很清楚地了解员工的所有改善与进步，而这种轮换更是对员工自我价值的肯定。海尔集团董事长兼CEO张瑞敏说："海尔要实现企业的总体目标，就要实现员工个人生涯计划与海尔事业规划的统一。"联想有今天的发展，其中最重要的原因之一就是他们"把员工个人的追求融入企业的长远发展之中"。这是联想集团老总柳传志的原话，他是这样倡导的，也是这样做的。

这些国内外知名企业的成功经验告诉我们，优秀企业的共同特征就是能够让员工持续增值，甚至有许多公司把"企业、员工一同成长"列入企业的核心竞争力之一，并融入自己的企业文化当中，使其固化、沉淀，永久保留下来。

可见，企业帮助员工实现自我价值对企业非常的重要，甚至决定着企业的竞争力。企业利益的最大化才能保证员工利益的最大化，反过来，员工的利益最大化必然推动企业创造更大的利益。

人们内心深处都是抗拒被控制被管理的。人都是有感情、有思想的，不能够被当作机器来对待。人们只有执着、关注自己的工作时，才能够取得好的效果。每一个人都有一种参与的愿望，当他们感觉到被欣赏、被尊重时，就会从内心焕发出热情，而这样的热情可以给企业带来更大的利益。

领导者和员工之间的关系不是控制与被控制的关系，而是相互依赖的。领导者通过员工的工作来实现自己的管理，从这个意义上说，领导者是依赖员工的。而员工通过工作来满足自己的生存和发展的需要，员工也是依赖管理者的。时代发展到了今天，知识和能力成为最大的资本，领导者无法通过强硬的手段来实现对员工的管理，最有效的方法就是让员工参与进来，实现员工的自我价值。

在美国俄亥俄州，有一家钢铁公司的子公司一度经营不善。公司派了个名叫丹尼尔的人出任总经理，企业很快就开始盈利。丹尼尔的做法是，在工厂里到处贴上这样的标语“如果你看到一个人没有笑容，请把你的笑容分些给他”，“任何事情只有做起来兴致勃勃，就能取得成功”。他还把工厂的厂徽改成了一张笑脸。平时丹尼尔也常常是笑容满面，和所有的工人打招呼都是微笑着，并笑着向工人们征求意见。就在这样的笑容感染下，员工们的工作热情大大提高。工厂虽然没有增加人和投资，但3年后，生产效率却提高了80%。

可见，大棒管理不是最好的管理方式，而当领导者把员工当作是一个充满情感的人来对待时，员工们的自我意识会提高，他们会全身心地投入到生产和创造中去，会自动自发地工作。这样不但有效地实现了自我管理，完成预期的目标，而且会创造出奇迹。

怎样才能提升企业的人力资本价值，帮助下属实现价值呢?

安利公司的人才之道就是为公司员工提供成长的空间，帮助人才实现自我价值。它的做法主要有以下几点：在安利员工有任何困惑时都可以拨打24小时免费热线，享受第三方专业顾问公司专家的心理咨询服务。公司还为营销人员量身订制了一整套包括必修、进修和选修三大科目的人才培训体系。安利教育网也是国内同行业第一个面向从业人员的教育培训网，是国内潜在学员数量第一的免费企业教育培训网站。总之，员工无论最初的起点如何，只要努力上进、品质良好，都会拥有成长的机会。

要想让员工快速成长，实现价值，就需要对员工进行培训。员工的培训与教育是员工不断成长的动力和源泉。在知识经济时代，知识飞速发展，据不完全统计，现今我们所学知识的更新速度仅为9个月，在这样一种知识爆炸的现实面前，企业应将教育与培训贯穿于员工的整个职业生涯，使员工能够在工作中不断更新知识结构，随时学习到最先进的知识与技术，保持与企业同步发展，从而成为企业最稳定可靠的人才资源。培训使员工感到自己的企业是不断创新的企业，培训的理论价值不如员工的这种感觉重要，员工能够在培训中增值，是培训的重要目的之一。

给员工创造一个展示自己的舞台。许多企业中优秀的人才在谈到自己的成长经历的时候都表示，参加某一个挑战目标的工作项目的实战经历，对自己的专业能力和管理能力的提升帮助最大。因此，企业要不断提供给员工各种有价值的、挑战性的工作机会，为他们自身的发展创造无限的可能。

建立职业生涯规划，帮助员工实现自身的价值。很多情况下，企业赢得员工敬业和奉献精神的关键就在于能否为自己的员工创造条件，使之有机会获得一份有成就感和自我实现感的职业。对员工进行准确的职业定位，根据每个人的天资、能力、动机、需要、态度和价值观，逐渐形成较为明晰的、与职业有关的自我概念，是帮助员工实现自身价值的一种方式。

最后，建立晋升机制，不断提高员工的积极性。企业要为员工创造完善的职位晋升制度，让员工明确在企业的发展方向和目标，从而激发员工的工作热情，促使员工与企业长期共同发展。

不学习这个世界上就没有人才

不学习这个世界上就没有人才。

学习不仅是环境变化的需求，同时也是自身发展的需要，只有不断吸收新的知识血液，那么你才能有用之不竭的力量。

现在毕业于知名的高校毕业的大学生很多，但是在这个瞬息万变、知识爆炸的时代，如果不去学习，三年、两年、一年……或者更短的时间，你所学到的东西已经不再适用新的社会需求。从前有句俗语说：一招鲜，吃遍天，而现在为了面对这些危机和变化，每一家企业都要做到与时俱进，作为一位领导者，更要努力学习，否则淘汰的不仅是你个人，而且是你辛苦创建的整个企业。

老张是上个世纪七八十年代自动化专业毕业，然后一直从事有关这方面的工作，后来退休了，又被某一家自动化生产公司返聘去发挥余热。这让本来闲着无聊的他似乎看到了生活的激情。于是，他全身心地投入到工作中。

上个世纪末老张掌握的技术在生产利用中可以产生百分之五十的利润，可是到了今天这种技术创造的利润微乎其微。在这种情况之下，公司决定，在原有技术的基础上另行开拓新的领域。但是当任务下达到老张这里的时候遇到了阻力，老张认为自己这个技术是最好的，对原来的产品很依恋，对新产品本能地抵触，认为行业领域变化了，自己的专业只覆盖老产品，不愿意接受新的产品。

虽然新产品生产需要利用原来的生产线，但是材料、工艺都有新的变化，相应地从采购、仓储、调试、检验、包装方面都采用新的方案。虽然领导找老张多次但都是无功而返，领导觉得老张年纪大了，也不好意思反驳，只好将生产车间分为两个，新车间和老车间。新车间采用新的技术进行生产，老车间就是老张所带领的几个人，按照老规则老方法老流程来生产。由于老张对自己的老技术很自信，再加上不学习新的技术，所以对老张来说，还是没有一点危机感。可结果对比却很明显，采用新技术生产的效率是老技术的五倍多，而且客户愿意接受新的技术生产出来的产品，这样直接导致了老张的产品几乎无人问津。随着订单的减少，跟着他的几个员工看到订单少自己没有利润纷纷向厂领导申请要求调入到新的生产车间去。最后只剩下老张光杆司令一个人，厂领导最后决定将老车间停用，老张觉得很没有面子，不得不辞职。

这是一个很现实的事情，同时也提醒我们，在这个世界上没有什么是一成不变的，如果不想被淘汰，那么就必须去学习，去跟着变化而变化。当企业的领导者去学习的时候，那么自然也会给自己的下属带来学习的欲望。

一家著名公司有一个奇怪的现象，凡是在马经理的部门工作过的员工都成为了公司的骨干，或者主管。大家对此都很好奇，在一次工作交流中，他的下属主管揭开了这个秘密。

“当时我来公司，岗位很符合自己的专业，不久，我就学会了岗位所需要的知识，并开始放松了。就在这个时候，马经理给我安排了一件工作之外的事情。这件事与我原来的岗位工作相差很大，自然需要学习更多的知识。我心里很不高兴，为此还特地去找马经理。我直接问他，我大学里学的就是这个专业，你为什么让我去干其他的事情？

“马经理并没有反驳我的问题，而是心静气和地和我聊了很久，还讲了自己的经历和想法。原来，马经理以前做过工程、设计、研发、市场，所有的公司运营环节他都很清楚。他告诉我，大学只有四年，不能让这四年所学的知识制约了自己一生的发展，所以，不管我是什么专业，他认为我可以通过学习做好这件事情，他都会安排我去做的。听了马经理的话，我才觉得自己太浅薄了，学习是一辈子的事情。

“自从那之后，不管是不是我分内的事情，只要我觉得自己可以学到东西，就会去钻研。部门里岗位我都清楚该怎么做，有人请假了，我可以兼职一下他的工作。有一次公司内部提拔，马经理推荐我去应聘，我才有机会从一个普通的基层员工做到了主管。我想，公司之所以任命我，就是因为我有旺盛的学习精力和学习能力吧，所以到了新岗位后，我不但自己努力学习，还带动我的员工学习，我真的很感谢马经理，是他改变了我的想法，也改变了我的发展轨迹。”

一位好的领导者不仅痴迷于学习，还会用自己的学习来激励下属，使部门里洋溢着好学、创新的力量，只有这样的领导才能带领出来具有强大凝聚力的团队，只有这样的企业才能越走越远。

为你的人才发展扫清道路

我相信每个员工都希望在和谐、有强大凝聚力的团队之中工作，因为只有这样才能提高自己的工作效率，才能突显个人的人生价值。可是在现实中，每个单位中或多或少都会有一些员工自身存在各种问题，不仅影响到了身边的其他员工，而且也影响到那些对公司发展来说极为重要的关键人才。这样一个连锁反应，最后影响到公司的整体执行力及效益。

尽管有时候，即便有的员工发现了这些问题员工的毛病，但是考虑到自己的权力，也为了保持好同事关系，只好视而不见。这个时候，作为企业的领导者就要善于观察和发现那些影响公司的员工，对其行为要进行严肃的处理，否则将会后患无穷。

作为企业的领导者一定要明白阻碍企业发展的人的行为习惯，只有这样才能清楚知道哪些人是公司的人才，哪些人是公司需要严肃处理的员工。对此，有以下几点可以参考。

在新的工作环境中适应能力差的员工。由于对新的环境适应能力差，所以对市场突如其来的变化往往不知所措，宁愿请教领导，也不想办法去克服自己的弱点。

工作毫无创新只是不停地模仿却没有超越的员工。这些员工不爱发挥自己的主观能动性，不愿思考，不会创新，上级交给的任务，只能是照猫画虎地去完成，却从未了解深层次的含义。

把自己当匹马埋头苦干也不愿与大家协作的员工。这类员工没有团队精神，不愿与别人协作，当然也不会分享到成功之后的快乐。对于别人的意见当作耳边风，只顾埋头干自己的，当更大的任务交给他们的时候，往往意味着风险更大。

总是站在自己的角度考虑问题的员工。有些员工很难将自己融入到公司内部，觉得自己就是自己，公司就是公司。因为长期具有这种意识，所以养成了不懂得节约公司成本的意识，水电浪费严重，打印纸浪费无度，申报报销费用只多不少，这样的人最终只能是增加企业的负担。

总保持沉默，即使遇到问题也不愿意与大家沟通的员工。我们经常能够在单位看到这样的员工，无论是工作对某个决策需要发表意见的时候，又或者是在工作中出现了什么问题，始终保持沉默，最终导致的结果更加恶化。

在团队内部没人喜欢的员工。这种人爱占其他员工的便宜，喜欢嚼舌根、谈八卦、抢别人的功劳，吹嘘自己贬低别人，更容易嫉妒别人。对于别人的成功他认为是投机取巧，而不是努力得到的。当同事有困难的时候他袖手旁观，甚至嘲讽。

整天愁眉苦脸的员工。这类员工喜欢将未来未知的困难搬到眼前，而且不断地渲染，本来很小的困难被他无限放大。他每天愁眉苦脸，不仅影响到自己的心情还可能影响到周围的人。

以自我为中心的员工。这类员工最大的毛病就是不守时，经常迟到早退；在公众场合喜欢大声说话，从来不顾及别人的感受；做事散漫，却总喜欢让别人按照自己的意愿来办事，如果别人没有按照他的要求来办，他总耿耿于怀。

给自己的人生画下了框。这类员工不肯追求成长，不愿意突破自己，不肯主动接受工作中的各种挑战。做任何工作都是一直抱着打工者的心态，不愿意付出，却总想得到更多。

不喜欢学习和接受新鲜事物的员工。这类员工做什么工作都需要别人的帮助，独立完成工作的能力极差，如果没有别人手把手地指导，他肯定干不好自己的工作。对社会热点问题从不关心，也不爱学习，所以当别人谈论起某个话题的时候，他总是哑口无言。对于一些社交活动也很少参加。

当然，现实中每个企业领导者还会遇到更多不同个性的员工，这些员工不仅不能够给企业带来快速的发展，而且会阻碍企业的发展。作为企业的领导者要严肃处理，为你企业人才发展扫清道路。

某公司最近将一个员工辞退了。当初招聘进来是因为觉得这个员工个性踏实、稳重。可后来的工作中，领导发现这个员工总是喜欢独来独往。早晨进办公室的时候，看到同事从来不打招呼，中午吃饭的时候，他也总是一个人出去吃饭。

有一次，有一个项目需要来完成，公司项目领导把任务交给了他和另外两个员工，没有想到他立刻拒绝了，他说自己一个人就可以完成，不需要其他人。项目领导很清楚这个项目的难度，仅靠一个人未必能够完成。可是听了他的话，也为了体现领导对员工的信任，就将这个项目交给了他一个人，结果这个项目失败了。

后来，公司领导本着用人不疑、疑人不用的原则又让他和其他的同事共同完成一个项目。可却有人提出退出这个项目的申请。问其原因，回复说因为这个团队有人没有团队精神，反而觉得自己的能力是最强的，不让其他人插手，只想自己一个人干，如果这样必然导致项目的失败，他不想为这样的项目埋单。领导清楚地知道不合作的人是谁。

当试用期满的时候，领导找他聊天，希望他提前做好打算，这里的工作未必适合他。可是，这个员工很坚决，还理直气壮地和领导说三个月试用期太短了，他还没有发挥出来。要求再给三个月时间，如果还没发挥出自己的能力就主动离开。领导觉得有道理，就把试用期延长了三个月。

后来，在合作完成项目的利润分成时又出现了问题，这个员工觉得自己得到的利润额分成太少了。可通过调查发现，由于他总是与大家的意见不合，导致没有人愿意与他合作，项目的完成完全是其他的几个员工合作的结果。

对于这样的员工，领导也很是失望，最后只好放弃。

可见，一个精锐的团队，都是由一批精锐的人才构成的，仅仅靠一个人的能力未必能够完成。但是，一个企业里不可能每个人都是精英。那么，在这种情况下，想让团队提高工作效率，领导者就必须给团队中的精英人才提供保障，扫清他们前进道路上的障碍。这样，他们才能充分发挥自己的潜力和才智，将能力发挥到极致，促进企业的快速发展。

人才“维护保养”需要技巧

一辆车进行及时的保养，这是保持零部件之间能够处于完好运行状态的主要手段，也可以说是一项积极的防御措施。只有做好设备的维护和保养工作，及时处理随时发生的各种问题，改善设备的运行条件，才能防患于未然，才能保证车辆能够在任何状况下都能顺利行驶。

同样的道理，作为企业内部的优秀员工，也需要不断地进行“维护保养”。企业对员工进行培训，不仅仅是老板和人力资源要认识培训的重要性，同时员工自身要认识到培训的重要性，否则企业的培训会变得很被动。像父母让小孩读书一样，强制的压力达不到良好的效果。企业培训不仅仅是为了企业，更是为了员工自身的职业生涯。要知道，如果一个员工的能力不增长，那么他的工资是无法增长的，他的职位是无法晋升的。所以培训既是企业发展的需要，也是员工成长的需要。老员工需要学习理论知识，提升自己的成长高度，新员工需要学习实践经验，提高自己的办事效益。企业的发展源于人才的成长，只有培训才能让企业的人才成长得更快更好，更适应企业的变化，提升企业的竞争力。

一家企业里有几位元老级人物，他们都是在公司老板创业的时候就加入到公司来的，为企业的发展立下了汗马功劳。但是，这些元老级人物总是仗着自己劳苦功高，不愿去改变观念，不愿意去主动接受新的事物和理念。

有一次，老板在外地出差。公司的一个重量级客户发给了老板一个极为重要的文件，老板赶紧将这个文件发送给公司的元老之一，也是项目的相关负责人，让其核实并且落实，并答应三天后给回复。

三天之后，到了该给客户回复的时间，客户打电话催问结果。结果得到的却是没有注意邮箱的文件，没有看到发给他的东西。老板很是无奈，自己熬了一个通宵，才将客户方需要的资料准备齐了。

当老板出差回来之后，立刻制订了培训计划，让公司的每一位员工都能与时俱进，利用电脑网络进行工作，而且对于年纪大的员工，安排人员对其进行手把手指导。

当然，这件事只是反映当前企业里出现的问题的一个方面。

在现如今快节奏、高效率的社会里，对人才的迫切需要越来越明显，对人才的要求也是越来越苛刻。而关键岗位的员工对于企业而言是一座宝库，能为企业带来无限的财富和潜力。在他们身上，可以看到企业的栽培心血。保护好这些资源，珍惜这些付出，就要看如何对骨干人才进行有效的培训。

一、采取正确合理的培训方法

由于每个企业有着不同的企业文化和企业氛围，因而会产生不同的人才培训的工作宗旨。但是，从现在科技不断发展、信息化范围不断扩大的角度来看，如今许多的企业在人才培训工作上还存在着许多落后的方法与方式，这对于人才的培养工作是无益的。因此，要在新时代的大背景下，站在时代的前沿，充分结合现代高新科技，重新规划人才的培训工作。

下面将简单介绍几种新型的骨干人才培训方法。

1.头脑风暴法。关键人才是企业各个部门的核心人物，他们在各自的领域里形成了自己的思维方式，有着独立的价值取向。所以，传统的上级安排授课形式并不符合他们的心理，也不能满足他们的需求，达不到预期的效果。对于这些人而言，他们更在乎个人的意见是否被重视、个人的观点是否得到认可，若是单纯地命令式的培训方法就打击了他们参与的积极性。人才培训工作其一是为了增加各个部门之间的沟通，其二是为了增强他们的业务能力，所以何不让他们自己组织以形成他们自身要求的形式呢？在会议中，采取“头脑风暴法”可以集思广益，让每一个员工都参与到其中来，让每一个部门的想法都加入进来。这样不但可以充分体现企业的民主意识，而且还可以消除不必要的争端与利益冲突。

2.采用多媒体方式。目前我们的培训工作基本上都是兼职教师的纯授课方式，仿佛又回到了小学时代，回到了灌输式的教育时期。在企业里，这完全是不被认可的。采用最新的多媒体方式不但可以为培训增添色彩，而且能够更为直观地向员工传达信息。从听觉、视觉、感官等各个方面来刺激员工，加深他们的主观意识，从而带动他们的学习能动性。

3.网络培训法。在一个企业里，每个部门之间紧密合作、不断前进，从而形成高效的企业生产运转。不可能在同一时间里要求所有的员工都参加培训工作，缺乏了关键人才的参与，将会使企业的运转出现一些问题。然而，有了网络课程的帮助这些问题都可以解决。通过网络，可以把需要的授课内容上传到企业内部网站上，让每一个优秀员工通过网络学习。这样不仅调节了员工工作时间差的问题，而且也大大提高了人才培训工作的效率。

二、制定合理的人事培训方案

在企业内部，各个部门、各个岗位都有各自的岗位职责，所以在做同一个项目时他们的工作时间也是错开的。因而在制定人事培训方案时应该充分考虑到各个部门的工作属性，根据他们的不同需要制定出不同的人事培训方案。

1.注意员工的工作性质。不同的工作性质的人员应该安排不一样的人事培训项目。比如，技术部门的骨干重在专业技术的提升，所以在人事培训上应该相应地提高专业知识的比重；操作岗位的员工培训时应增加实际操作能力的锻炼，增强动手能力和实践能力。

2.结合员工的工作安排。不同岗位的员工工作安排也不一样，所以在安排人事培训时应该根据他们的工作实际，以不影响正常生产为重。在培训需求调研时就应该对各个岗位的员工的工作时间做详细的了解，以他们的时间为主安排培训项目不但可以得到企业主管的认可，而且也不影响生产，骨干人才培训起来也比较轻松。

综上所述，每个部门都是企业正常运转中不可或缺的一个环节，而各个部门之间又是紧密联系在一起的，培训工作就是为了提高各部门的工作能力、增强各个部门之间的联系，从而从整体上增加企业的竞争力。特别是对人才的培训工作，对企业未来的发展尤为重要。

在部门里，一个关键人才就是这个部门的主心骨，就是一座灯塔。抓住这些人才的心，提高他们的实际工作能力，增强他们带领团队的实力，这些都是十分重要的。没有系统的学习和理解，往往会在工作过程中遇到许多困难，从而对工作的完成大打折扣。

帮助员工发现和挖掘潜能

每个人的脚下都有宝藏，只不过有的人发现了、挖掘了，于是他成为了最富有的人。但有的人总抱怨自己所处的地方一穷二白，总觉得宝藏在遥远的地方，于是他们不停地追逐，却一无所获。其实，道理很简单，要想拥有宝藏必须要有发现宝藏的眼光，否则即使脚下就是真正的宝藏你也不会发现。

作为领导者而言也是如此，我经常听到有很多企业的领导者抱怨自己企业发展缓慢不是战略的问题，而是缺少得力的助手。

真的是这样吗？每个人都清楚，只要企业存在，就无时无刻不缺少人才。其实，缺少人才这只是企业发展的表象，人才浪费才是真正的现实。因为有很多的人才的才能在企业发展过程中，还没有被发掘就被埋没掉了。

有专门的研究发现，一个企业对员工潜能的挖掘利用率还不到50%，很多企业的领导者在用人上，往往忽略了员工的质量和素质，也不去调动或者挖掘员工的潜能，或者在人员配置上不能做到人尽其用，结果浪费了时间，也无法提高工作效率。不但造成了人才被浪费，而且也可能导致人才流失。

作为企业领导者，要想尽一切办法激发员工的潜能，让员工的喜好、潜能、工作融为一体，这样才能够极大地提高员工的工作效率，不仅有利于员工实现其个人理想，而且也有利于实现企业的整体目标，最终达到双赢的效果。员工收获的是快乐、自信、成就感和团队的归属感，而公司、团队获得的则是业绩的高速增长和团队凝聚力的提升。

列宁讲：“人们的缺点多半是同人们的优点相联系的。”所以，领导者对有缺点的人才，要择其高峰，舍其深谷，扬长避短，重而任之。

美国南北战争时期，林肯任命的“无缺点”的将领总是败在南方“有缺点”将领的手下。预想不到的败局，引起林肯总统的深思：他认真分析了对方的将领，几乎没有一个不是有大小缺点的人，但他们却有善于带兵用兵、勇敢机智、彪悍凶猛等长处，而这些长处正是战争需要的素质。反观自己的将领，忠厚、谦和、处事谨慎，这些作为做人的品格是不错的，但在充满血腥的严酷战争中，却是不足取的。从这种分析出发，林肯力排众议，毅然任命格兰特将军为总司令。

命令一下，众皆哗然，都说格兰特好酒贪杯难当大任。

对此，林肯笑笑说：“如果我知道他喜欢喝什么酒，我倒应该送他几瓶，让大家共享。”林肯知道北军将领中只有格兰特是能运筹帷幄的帅才，要用他的长处，就要容忍他的缺点，这是严酷的战争，不是教堂里的说教。

而有人激烈反对时，林肯却坚定地说：“我们要格兰特。”后来的事实证明，格兰特的任命，成为美国南北战争的转折点，在格兰特的统率下，北方军队节节取胜，终于扑火了南方奴隶主集团的武装叛乱。

作为企业的领导者很多时候在职位分配的时候，只是觉得这个岗位需要一个人来做这份工作，而不是具体地分析这个岗位适不适合员工们去做，或者怎么做才能达到事倍功半的效果。有的员工在所在的岗位的确没有做出业绩，企业领导者就认为他没有这个能力而辞掉，这是大错特错的。真正优秀的员工并非都是靠招聘来的，而是自己培养的。那么如何培养呢？很关键的一点就是要学会挖掘员工的潜能。每个人的身上都有潜能，只不过有的人多，有的人少，有的人潜能隐藏得深，有的人潜能隐藏得浅罢了。更多时候是连员工自己都不清楚自己的潜能到底有没有，有多少。此刻，就需要有慧眼的老板去挖掘。

“二战”初期，美国五星上将麦克阿瑟在菲律宾驻军时，艾森豪威尔是他手下的校官，艾森豪威尔很有才，他思路敏捷，善于运筹，组织能力强，且工作认真踏实。可是他有一个毛病：性格倔强，太爱“独立思考”，有时不仅顶撞上司，甚至让麦克阿瑟下不了台。结果常被人讥为“不好用的校官”。

麦克阿瑟夫人见他屡次地顶撞自己老公，心中不快，便吹枕头风说：那个艾森豪威尔经常和你过不去，把他撤掉算了。不料麦克阿瑟却说：艾森豪威尔是个难得的人才，人才有用不好用，奴才好用没有用。艾森豪威尔的确是个杰出人才，在“二战”中出于战绩卓著，职务快速提升，相继任集团参谋长、盟军总司令等职，后来还当上了总统。

可见，人们的潜能总是超过了其授权的机遇，很多企业授权给员工的工作与责任总是低于其实际能力，这种做法使员工的很大一部分能力没有得到充分发挥，致使他们的能力还可能在工作中退步。所以，为了避免员工们潜能的浪费，就需要领导者给下属120%的工作，挖掘下属的潜力，使他们的能力有突破性的进展。

那么，作为企业领导者如何挖掘员工的潜能呢？

要让你的员工去干自己最喜欢的事情，使得企业的目标与员工的理想相一致，这样员工在实现自己理想的过程中，就实现了企业的目标；对员工要进行投资，让员工更多地接受培训，这样你的员工才能充满创新的能力，企业团队才能充满活力；要不断去鼓励自己的员工，不要对犯错的员工就进行惩罚，错误其实就是在验证成功的道路该怎么走；为你的员工打造和谐的工作氛围，使得你的员工能够在轻松愉快的环境中去工作，只有这样才能提高工作效率；创造沟通无障碍的渠道，不要让你的员工的意见停留在你的办公室门口，针对好的建议要采用，针对不恰当的建议一定为你的员工解释清楚，免得挫伤员工的心理，让他以后不再提意见和建议；一定要信任和尊重你的员工，这样他才能有归属感，才能真正上心去工作。

总之，作为企业领导者要让你的员工了解你的企业文化，将企业的目标灌输给你的员工，这样员工才知道怎么调整自己的思路，与企业保持同频，企业领导者在挖掘其潜能的时候才能轻而易举，才能一劳永逸。

PART 10

没有完美团队，只有和谐团队

在知识经济的时代，和谐管理已经不仅仅是一种有效的管理方法，更是企业生存和发展的必须。人在生存的基础上才能够发展自我，生存需要是人类最基本的需要。企业也一样，只有在激烈的市场竞争中站稳脚跟，才能够取得进一步的发展和壮大。而要想使企业能够长久生存，就要处理好领导者与员工的关系，平衡企业与生态环境的关系，也就是使企业的内部和外部都取得和谐，企业才能够良好生存。

和谐是一种发展观

在知识经济的时代，和谐管理已经不仅仅是一种有效的管理方法，更是企业生存和发展的必须。人在生存的基础上才能够发展自我，生存需要是人最基本的需要。企业也一样，只有在激烈的市场竞争中站稳脚跟，才能够取得进一步的发展和壮大。而要想使企业能够长久生存，就要处理好领导者与员工的关系，平衡企业与企业间关系，也就是使企业的内部和外部都取得和谐，才能够良好生存。

从前，有两个饥饿的人得到了一位长者的恩赐：一根鱼竿和一篓鲜活硕大的鱼。其中，一个人要了一篓鱼，另一个人要了一根鱼竿，于是他们分道扬镳了。得到鱼的人原地就用干柴搭起篝火煮起了鱼，他狼吞虎咽，还没有品出鲜鱼的肉香，就连鱼带汤就被他吃了个精光，不久，他便饿死在空空的鱼篓旁。另一个人则提着鱼竿继续忍饥挨饿，一步步艰难地向海边走去，可当他已经看到不远处那片蔚蓝色的海洋时，他浑身的最后一点力气也使完了，他也只能眼巴巴地带着无尽的遗憾撒手人间。

另一个故事与前一个故事的背景相同，同样是有两个饥饿的人，他们同样得到了长者恩赐的一根鱼竿和一篓鱼。只是故事的结局不同，这两个人在各自得到一样东西以后并没有各奔东西，而是商定共同去找寻大海，他俩每次只煮一条鱼，他们经过遥远的跋涉，来到了海边。从此，两人开始了捕鱼为生的日子，几年后，他们盖起了房子，有了各自的家庭、子女，有了自己建造的渔船，过上了幸福安康的生活。

有的时候，合作比竞争更重要，它能产生一加一大于二的神奇效果。当自身不具备与别人争的条件的时候，就要学会取人之长来补己之短，如此，便可以优势互补，从而实现共赢。对于企业之间来说，必要时可以各取所需；对于企业内部的职工之间来说，团结就是生产力，团结就是效益。

合作与竞争并不完全是一对矛盾体，肯定了合作，并不代表否定了竞争。在一个企业内部，良性的竞争是必要的，因为它能激发员工动力，挖掘员工潜能，提高员工素质，从而推动企业的发展。

一个在自己的员工心目中有着良好印象的企业，才能够有强大的竞争力，才不至于被激烈的市场竞争淘汰。领导者将员工放在重要的位置上，才能够打破权威式的管理模式，尊重人，重视人的价值，使员工的积极性和创造性得到最大限度的发挥。特别是对于那些有自己的独特个性和思维方式的知识性员工，他们的思维、创意就是企业的竞争力来源，他们的生存需要已经得到了满足，更加注重的是自己的能力是否得到了肯定和尊重，自己的人生价值能否很好地实现。所以，他们的成长和企业的成长是统一的，领导者只有关注他们的需要，肯定他们的价值，才能够和这些员工建立起和谐关系，也才能够使企业内部安定团结。

某国际管理咨询公司在对员工进行的调查中显示，员工关心的问题表现为三个方面：一是能否与上级建立牢不可破的和谐关系；二是能否在团队中建立亲密合作的关系；三是能否清楚地知道企业的发展战略等全局性的问题。而员工关心的这些问题，显然只有靠领导者对员工的尊重和信任来实现。

为了体现公司对员工的重视和肯定，一家知名公司的首席执行官宣布了一项公司的新规定。每一个季度，公司里各部门的领导者都要提交一份报告，将这个季度内表现优秀的、公司应该提出表扬和肯定的职员列出一个名单，然后首席执行官就要根据这个名单进行亲自探访和联系，对员工们的工作表示感谢，并征询他们对于工作中的有关问题的意见，以及对他们的个人成长问题提供帮助。这样的措施，使得员工们的工作积极性大大增加，企业的整体竞争力也得到了提高。

企业内部的和谐是企业生存的基础，一个内部安定团结的企业，才能够成为市场竞争中的胜利者。领导者必须注意，时时将员工的需要放在重要的位置上，引导员工为企业的发展贡献出自己的力量，在员工个人成长的基础上，达到整个企业的成长。

很多时候，人性比制度更重要

在当今的竞争环境下，无论是企业还是员工个人，都面临着许多不确定性的因素。那种单纯依靠制度来实现管理的管理方式，已经不能适应当代企业的需要。很多企业的运行已经不仅仅是程序化的生产活动，而是需要发挥人的创意和潜能的创造性活动。企业的管理制度即使科学，也不能控制人的思维和创意，所以，领导者有必要在制度中融入人性的管理方式，通过情感上的沟通和交流，实现员工的自主管理，充分发挥员工的积极性和创造性。为了实现人性管理，领导者就要在管理过程中，减少约束和控制的成分，增加沟通和激励的因素。

人性管理体现了领导者对人的尊重，是以人性化的管理理论为基础的，通过领导者与员工的心灵沟通，达到员工的自我管理，能够充分调动员工的积极性，增强企业的凝聚力。当领导者不再“以规章制度为中心”，不再单纯凭借制度约束、纪律监督和奖惩规章等手段进行管理，而是采用非强制性的手段时，员工就能自觉地把头脑中的知识和创意奉献给企业，并把企业的发展目标和自己的个人意愿统一起来。这种有弹性的管理方式，还能让员工感觉心情舒畅，从而变得自动自发。

美国的玫琳·凯化妆品公司总裁玫琳·凯曾经做过25年的推销工作，接触了各种各样的在业人员，这些工作经历使她领悟到企业成败的关键在于把员工视为企业最重要的财产，尊重每一位员工。于是，玫琳·凯将这一原则应用到自己的企业管理之中，在玫琳·凯化妆品公司开展了人性管理，赢得了良好的企业发展。

玫琳·凯的理想公司是这样的：在公司里，每个人都会受到平等待遇，以本人所做出的贡献决定升迁。产品首先要赢得自己公司员工的强烈信任，然后要在市场上优于竞争对手。玫琳·凯招收的大多是女性推销员，为了充分发挥这些员工的作用，她认为公司不应该确定销售指标或制定任何限制性条例，甚至她的员工可以自行规定上班时间。这样的管理方式，并没有出现像人们预计的那种混乱、毫无章法的情景，反而调动了所有员工的积极性和潜能，公司运转正常，员工们都能够自觉管理自己的时间和工作，许多原本有家庭负担的已婚妇女和离婚母亲渐渐转变成为全日工作的女性事业家。

玫琳·凯十分关心员工，耐心听取每一位员工的意见和建议，和所有员工都保持着密切的关系。这样的亲切氛围使员工们的积极性和聪明才智得到了充分的发挥。玫琳·凯认为，要想让员工为工作发挥作用，控制和监督不是最好的方法，最好的方法是赞美。在玫琳·凯化妆品公司有一系列运用赞美的方法。每个第一次卖出100美元化妆品的美容师都会获得一条缎带作为纪念。公司每年还要从推销员队伍中挑选出2万多名代表参加在总部“达拉斯会议中心”举办的“玫琳年度讨论会”，那些成绩卓越的推销员将身穿最高荣誉象征的“红夹克”上台演讲，并接受公司的最高荣誉奖品——镶钻石的大黄蜂别针和貂皮大衣。

玫琳·凯公司的领导者并不是只对那些成绩卓著的员工给予奖励，只要他们看到自己员工的一点成绩，就会主动赞美。有个美容师，在两次展销会上都没有卖出什么东西，直到第三次展销会才卖出35美元的产品，就是这样不引人注目的成绩还是得到了上司的赞美："恭喜你，你卖出了35美元的东西！"正是领导者这样的赞美，增强了员工的信心，后来使那位美容师取得了可喜的成绩。玫琳·凯认为赞美是激励部属最好的方式，远远超过任何惩戒所产生的力量。

企业领导者温馨的人性化管理方式，大大拉近了员工和领导者之间的距离，使得员工把公司看作是一个大家庭，从而实现员工自主管理。而员工的工作积极性和创造性将会被充分地发挥出来，从而推动企业的健康发展。

在知识经济时代，企业外部环境瞬息万变，那种制度化的管理已经不能适应时代的需要。为了使企业管理在当今时代能够更好地应变，人性管理也是必需的。领导者的决策不但需要集中各部门专业人才的集体智慧，还需要快速准确。这样，那种传统严格的部门界限必须被打破，每个员工和工作团队在进行工作的过程中，都需要获得独立处理问题的能力，而不是层层请示。如果单纯地依靠规章制度，每个部门之间都有着严格的界限划分，只能使整个机构僵化失去活力，在面临外界的变化时，领导者难以迅速有效地决策。而通过人性管理，企业才能够做到人尽其才，给员工一定的自主权，使企业的决策迅速准确，从而在激烈的市场竞争中取胜。

企业外部环境变化莫测，领导者无法完全预测可能出现的所有情况，在为员工分配任务时也不可能顾虑到所有可能出现的意外。如果员工只按照企业的规章制度工作，在出现意外情况时，就需要及时向上级请示，等到上级的指示之后才能够开展下一步的工作。如此一来，就可能造成时机的延误，从而降低工作效率，甚至使整个工作毁于一旦。所以，领导者需要给员工一定的灵活性，弹性的约束机制还可以把事后的检查变成事前的预防，从而为企业节约更多的资本。

人性管理可以促进员工自我改善意识的形成。员工会自觉地完善自己的工作，提高自己的工作能力和积极性，而不是等到工作出了问题，领导者指出来以后才加以改进。员工素质的提高还能够带来产品质量的提高、工作效率的提高和企业整体竞争力的增强。

美国通用电气公司的“无边界组织”创建就是人性管理的一个典型。它的领导者提倡打破一切人为的障碍，直奔最佳想法。任何一位员工都可以不拘形式地提出自己的想法和建议，无论在任何场合，只要是最佳创意，不管是由谁提出来的，一定能够胜出。凭借这样的人性管理，美国通用电气公司无论在什么处境下，都能够找到最好的方法，从而使它成为士气高昂、充满活力的企业。只有这样的企业在激烈的市场竞争中，才能够保持永久的活力、灵活的应变。因为在人性管理方式下，它已经拥有无限智慧和永不满足的创意。

在人性管理方式下，职能、官衔、地位等等都不再是障碍，企业成为一个思想碰撞的大舞台，任何人的智慧在这里都能够得到充分的尊重，管理上有着适应需要的弹性和灵活性，企业充满活力。单纯依靠制度的管理只能使企业变成一个僵化的组织，而要想实现和谐的发展，领导者就要在管理制度中融入人性。

和谐团队应以安人为目的

当代美国管理学大师德鲁克说过：企业是人的群体，企业的活动就是人的活动。人的群体必须建立在共同的信念之上，必须把人聚集在共同原则周围。不然的话，企业就会瘫痪，不能运转，不能要求它的成员努力工作。所以，人是企业中最重要的因素，不管企业怎样发展，领导者制定了怎样的战略，都必须做到安人。可以说，安人是和谐管理的最终目的。

根据现代美国行为科学家马斯洛的“需求层次理论”，人最基本的需要包括五个层次，一是生理需要，包括维持生活和繁衍后代所必需的各种物质上的需求；二是安全需要，指躲避危险和威胁的需要；三是社会需要，包括感情和归属感的需要；四是对尊重的需要，包括自尊和赢得他人尊重的需要；五是自我实现需要，指实现自我价值和个人理想的需要。只有满足了人的基本需要，才能够人尽其才，安心工作。如果企业领导者在管理过程中忽视人的因素，就会使员工的积极性下降，整个企业的绩效也会降低。因为领导者不负责任的企业行为而引起员工的抵制和对抗，是企业内部矛盾和纠纷的来源，领导者做不到“安人”，就无法协调企业内部的矛盾和冲突。

许多世界知名的企业家都意识到了这一点。于是，将对人的管理看作是企业管理中最重要的一个环节。索尼公司就以建立一种家庭式的和谐感情作为索尼最重要的使命。其创始人盛田昭夫说过，在日本那些最卓越的企业里，并没有哪种理论、观念和方法是企业成功的秘诀，真正的关键只有一个，就是牢牢抓住了人的管理。

索尼公司始终贯彻“每个职工都是索尼大家庭的一员”的方针，高级主管没有私人办公室，甚至分厂厂长也没有办公室，这样的措施消除了领导者和员工之间的隔阂，使他们融为一体、互相接受、互相尊重。员工在这种环境里，能够实现自我价值，并有一种受尊重的感觉。索尼公司十分注重员工的意见和建议，领导者时时注意保持和员工的接触。有一次，盛田昭夫到位于美国加州的一家索尼公司的下属研究机构看望那里的工作人员，美方的一位管理人员提出要和他合影，盛田昭夫欣然同意，在短短的一个小时里，他就和那所机构的三四十位员工一一合影。事后，盛田昭夫对那位美籍经理说：索尼公司本来就是一个大家庭，你是真正了解索尼的人，你这样做很对。

在索尼公司，领导者对员工的奖励并不仅仅是在物质方面，索尼的领导者经常提倡“人不能只为钱而工作”的精神。在索尼公司，有许许多多为了事业而不计较金钱的员工。索尼创造性的工作和团结奋斗的精神感染了他们，他们心甘情愿地加入到索尼这个大家庭来，将为索尼做出贡献看作是自己最大的骄傲。

从索尼公司对人的管理中我们可以发现，索尼的领导者十分重视人，而且把人的高层次精神需要放在了十分重要的位置上。他们为员工营造了一个和谐的工作氛围，建立了公司内部协调合作的工作环境，注重了员工的情感需要，并且鼓励员工不为金钱而工作，这样对人精神需要的深层次满足，极大地调动了员工的积极性，实现了“安人”的目的。

社会发展到了今天，人才已经是企业最重要的一项资本。任何一个企业要想赢得市场竞争的胜利，不能仅靠领导者个人的能力和资金及技术资本，还必须发挥出员工的创造性和智慧，这才是企业竞争力的活力之源。在知识经济时代的今天，员工为企业提供的已经不仅仅是体力和时间，而更重要的是热情和创造力，特别是在一些高科技的知识型企业里，更需要员工发挥创意才能推动企业的发展。以安人为目的的管理，不仅仅能协调员工和企业之间的关系，更为企业增加了竞争力，企业借助于员工的力量，才能够在对外竞争中获胜。

在微软，人更是被放到了最重要的位置上。

比尔·盖茨为他的员工创造了一个十分轻松舒适的环境，在他的公司里，没有等级观念，最能赢得尊重的就是人的智慧。比尔·盖茨认为，只有在一个独立的富有个性的环境中，软件开发人员的智慧才能得到最大限度的发挥，于是，他为每一个员工提供一间独立的办公室，无论是新来的员工还是高级管理人员。每一位员工都可以自由地表达自己的意见，而且可以自主安排自己的工作时间。在微软，没有打卡制度，因为他的领导者相信每一个员工都在做正确的事，他们不需要限制。

微软需要的是杰出的人才，最佳的业绩，而不是朝九晚五的员工，所以，在微软，即使是在上班时间也活跃着自由自在的员工。有的打球，有的跑步，有的听音乐。但这些看似自由散漫的天才员工却为微软带来了巨大的经济效益，因为这些员工在毫无后顾之忧的自由环境下，创造性得到了最大的发挥，他们是自己工作的“Owner”，他们自己掌握自己的命运，自己管理自己的时间，他们清楚地知道和自己工作有关的所有信息。在微软，所有的高级经理都是服务于员工的教练，时时为员工排忧解难。

在微软这样宽松的工作环境下，每一个员工都是领导者，他们充分感受到了被尊重和被需要，他们的创造性和智慧也得到了最大限度的发挥，正是在他们的集体智慧的推动下，微软才取得了今天这样令人瞩目的成绩。微软正是在内部“安人”的管理下，才实现了对外的竞争力的提高，可见，安人能够提高企业的竞争力。

如果企业不能达到“安人”，就不可能在激烈的市场竞争中取胜。领导者不能安人，企业内部的矛盾和冲突不断，不但造成资源的浪费而且使员工无法安心工作，工作效率难以提高，祸起萧墙之中，对外的竞争力就更不用提了。而无法在竞争中取胜，员工就更加人心惶惶，领导者也只能手忙脚乱。可见，无法达到“安人”的管理只能造成企业内部的恶性循环，最终导致企业在竞争中失败。

简单点说，“安人”，就是使每一个员工都有共同的目标，都清楚自己应该做什么，怎么做，知道自己的工作对于企业发展的意义，并且使员工之间合作协调，企业内部和谐运转，员工和领导者之间沟通顺畅，也就做到了企业内部的稳定和发展。而且员工积极性和主动性的提高，也使得员工能够实现自我管理，从而提高了工作效率，增强了企业的对外竞争力。而企业对外竞争中的胜利，会大大坚定员工的信心，使企业整个运转过程处于良性状态。

美国最有名的电子企业惠普公司，在电子行业取得了骄人的成绩，就和它以人为本的管理是分不开的。在惠普，这一理念体现在管理的方方面面。其中，惠普人事政策的主要原则和做法是利益分享。借助于这一政策，惠普的员工和领导者共同分享利润，分担责任，分享共同发展的机会，甚至分担风险。惠普为了达到“安人”的目的，不仅制定了种种以人为本的管理模式，而且从来不大规模解雇员工，使员工工作安定。即使是在经济衰退时期，惠普也和员工共渡难关。惠普为员工提供了完善的福利制度，解除了员工的后顾之忧。而且通过现金分红和股票购买制度和企业员工分享利润。这样的管理，不仅使企业内部稳定和发展，而且对外也增强了企业的竞争力。

对于领导者来说，只有“安人”才能使管理适应时代发展的需要，才能促进企业内外的和谐发展，所以，任何战略都要以“安人”为最终目的。

尊重每个员工的差异性

企业是一个复杂的组织，就像大自然的生态系统，不同的生物存活其中，才能够使整个系统和谐运转。领导者的管理应当有一定的灵活性和包容性，这样才能使不同性格、不同思维方式的员工和谐共处。如果一味追求看似完美的统一，抹杀每一位员工的不同个性，只能使整个组织变得僵化，失去活力。

一家动物园的饲养员十分爱干净，也很有爱心。为了让自己饲养的小动物生活在一个干净的环境中，他每天都勤勤恳恳地工作，将小动物的栖息地打扫得干干净净，不管是枯枝落叶还是小动物的粪便，他都不怕脏不怕累地清扫一空。可是，他这样辛勤工作的结果并没有换来小动物的健康成长，很多动物变得萎靡不振，厌食消瘦，烦躁不安，甚至莫名其妙地死去了。后来，专家研究发现，每种动物都有自己不同的生活习性，有的看到自己的粪便才会感觉到安全，有的闻着浑浊的气味反而更能够健康成长。饲养员的统一清洁反而破坏了动物的这种不同的需求，影响了动物的健康成长。

和谐并不是统一，貌似完美的统一并不是达成和谐的最好手段。领导者要尊重员工，首先就要接受员工之间的差异性。企业内的员工拥有不同的学识、才干、天赋和不同的思维方式，只有包容员工多样化的差异性，才能够形成一种向心力和凝聚力。正因为员工的个性不同，擅长的专业也不同，才使得企业内部的各项工作都能够找到最合适的人选，使各项工作得以正常运行。领导者尊重员工的差异性也就是承认了员工的独一无二，认同了员工的不同于他人的价值所在，这也满足了员工被肯定、被尊重的心理，从而激发起员工的工作热情。

对于企业来说，如果所有员工都以同样的方式进行思考，那是非常危险的。只有鼓励员工以不同的方式来处理问题、对待机会，才能促进企业的创新。一个尊重员工的个性的企业才有一个开明的宽松的环境，在这样的环境中，员工才能够更好地发挥自己的创造性为企业发展服务。

能够发挥员工个性的企业，才能够使员工有所作为。即使是那些工作程序规范统一的企业中，员工们不同的个性也不应该被压制。如果领导者依照个人标准去约束自己的员工，只能使得整个企业变成领导者一个人的思维模式的产物，员工的特长会被抑制，甚至埋没。

麦当劳是世界最大的快餐连锁企业。它的作业程序规范统一，在全世界都是一致的。但是在这样严格的工作程序中，员工仍能够保持自己的个性。这得益于麦当劳一贯秉持的用人哲学：如果一个企业中，有两位主管的想法是一致的，那其中一名便是不必要的。麦当劳鼓励员工提出自己的意见和看法，而不是强求所有员工意见一致。

麦当劳的总裁克罗克是一个举止高贵、谈吐优雅的人，他一贯衣着得体，彬彬有礼。对于那些衣冠不整、行动散漫的人他十分讨厌。但他并不以个人好恶来选择员工。对于能够为麦当劳做出贡献的人，即使衣着谈吐尚不符合克罗克的审美标准，他同样给予重用。克莱恩披着长发，尽管这是克罗克所讨厌的，但他一样提拔克莱恩为广告经理，因为克莱恩设计出了麦当劳叔叔这个脍炙人口的形象。克罗克对自己的员工充分尊重，不但给他们能够充分发挥特长的位置，而且连同他们的个性一起接受下来。

在一些高科技产业的新兴公司内，员工不被要求穿统一的制服，而是可以随意地穿着自己喜爱的休闲服装，这样身体上的放松也是对他们的一种尊重，在这样宽松的范围内，员工积极地进行着天马行空的思维，不断地推出新的创意，这也是领导者尊重员工差异性的表现。

领导者必须给有不同特长的员工能够发挥特长的舞台，这样才能够让员工在自己擅长的工作中做出骄人的成绩。如果领导者不能容忍员工之间的差异性，而用严厉的制度强行打压他们的差异性，只会浇灭了员工的工作积极性，降低他们的工作效率，造成人才的流失。

领导者尊重员工之间的差异性还表现在能够巧妙利用员工之间的素质落差，给每一位员工发挥所长的空间。很多领导者希望自己企业内全部是优秀分子，对于学历较低、经验不足的员工不能够给予正确的认识，这样的看法是片面的。

企业内部有一定的优秀分子对于企业的发展当然是好事，能力较强的员工能够更好地带动企业的发展。但对于企业整个系统的健康运转来说，保持适量的中低层次的员工是非常必要的。企业内部的工作本身就是难易不同的，这就要求领导者为简单工作寻找低层次的员工，为难度大、重要、关键的工作挑选高层次的人才。如果只用优秀分子，不但会造成人才浪费，还可能出现各自为政的消极现象，反而对企业有害。日本经济学家屋太一先生在《组织的兴衰》一书中写道：事实上，大概没有比汇聚优秀人才与组织更可怕的事情。优秀人才的负面效果，往往使组织更加僵化，更倾向于争斗和本位主义。而非优秀人才则能起到中和作用。如果一个企业只选用那些“处处都是”的员工，很可能结果是一无是处。因为当员工全部都是优秀的人才的时候，他们如果不能够团结协作，劲使不到一块，不但不能推动企业前进，反而会成为企业发展的阻碍力量。

可见，优秀不一定是最好的，对于企业领导者来说，没有最好，只有更好。当整个组织内不同素质的员工之间能够各展所长、团结协作的时候，企业就拥有活力和不断创新的力量，也就能够实现永续发展。

能力上有一定差异的员工在工作中反而能够形成互相依赖、彼此满足的关系，能力强的员工能够从帮助能力差的员工过程中形成自信，而能力差的员工则能够从能力强的员工那里获得更多的知识，从而提高自己的素质，把本职工作做得要更好。这样，双方才能更好地协作。

对于领导者来说，最好的员工不一定是最优秀的，而是最合适的。那些优秀的员工往往缺点也是很明显的。所以，领导者要接受员工在素质上的差异，用人之长而弃人之短，这样就能够发挥不同的人才的潜能，推动企业发展。一个人才多样化的团队，才能够不断应对外界的变化，促进企业的长期发展。如果一味把目光盯在优秀人才身上，而不是注重不同素质员工的潜力的挖掘，就会使整个企业失去活力。

海尔集团“人人是人才”的用人理念，并不是他们选用的都是最优秀的员工，而是领导者懂得发挥每位员工的长处，将每一位员工放在最适合他的发展的位置上，这样员工的个人能力就可以得到充分的发挥，创造性也大大提高。

总之，领导者要尊重每一位员工，认识到他们的个体价值，充分利用他们之间的差异性，将他们放到最能发挥自己特长的位置上，这样，整个企业必将充满活力，和谐发展。

用全局观化解一切矛盾和分歧

和谐管理并不能消解领导者和员工之间所有的矛盾和分歧，而是领导者能够对矛盾和分歧进行协调，在注重全局利益的观念下，使这些矛盾和分歧得到较好的化解。如果管理能够使每一位员工都为企业的整体利益服务，那这样的管理就是成功的管理，就能够使整个企业实现和谐运转。

在企业里，任何一个员工的工作都不是孤立的，而是企业整体目标的一部分。员工只是明确企业的整体目标，并不足以成为他积极主动工作的全部动力。因为员工的工作是具体细致的，他只被要求做好某一范围内的工作，如果他只是努力完成自己手头的工作，而不知道自己的工作对于整体目标有什么意义，也不知道整体的目标和自己的工作之间有怎样的联系，就只能使他对整体目标无动于衷，甚至轻视自己的工作，认为自己的工作无足轻重。

任何人都希望自己是重要的，当一个人感觉自己的工作非常重要时，他的责任感和荣誉感就会被极大地激发。他就会觉得自己承担着艰巨的使命，自己的每一点努力都会有助于实现企业的整体目标，这将使他的热情得到最大的发挥。

美国一家咨询公司曾经对与员工工作效率高低的相关因素进行过专题研究。

在研究中发现，员工在工作过程中最关心的问题共有12个，其中“我知道对我的工作要求吗？”和“公司的使命目标使我觉得我的工作重要吗？”这两个问题受员工关注的程度最高。可见，每一位员工都想知道自己的工作对于整体目标的完成有着怎样的影响。领导者只有让员工认识到自己工作的重要性，才能够充分挖掘出员工的潜能。当员工充分理解并支持企业的整体目标后，才能够树立全局的观念，为完成整体目标而努力，而不是只完成自己手头的工作。在自己的个人工作和整体目标出现矛盾和分歧时，就能够对自己的工作做出牺牲以适应整体需要。

员工明确自己的工作对于整体目标的意义，才能产生全局观念，也才能更好地化解分歧和矛盾。有这样一件小事充分说明了这个道理：一家经营电子产品的企业，设有财务、人力资源、营销和生产四个部门。各部门按部就班，各司其职。但还是在所难免地出现了问题。在组装车间，一个包装工人不小心将一些液体洒在了操作台周围的地板上。包装组长看到了，要求这名工人打扫干净地板。但工人回绝说：“我的工作是组装机器，不是打扫地板。这样的工作应该是勤杂工来做，我的工作范围内可不包括打扫卫生。”组长找勤杂工却找不到，无奈之下，只好自己动手清理。事后，包装组长找到车间主任要求处罚那位包装工人，获得同意。但是人力资源部门却警告车间主任不要越权。车间主任感到不满，向生产部经理反映情况。生产部经理认为车间主任的做法不是越权，这是车间内部的问题，理应由车间内部自己管理，人力资源部不应过多干涉。于是，生产部把人力资源部门干涉工作的事报告给了总经理。总经理认为这是两个部门之间的事，不涉及公司战略性的重大问题，两个部门协商就行了。在公司的规定中，员工奖罚是人力资源部门的职权范围，人力资源部坚持认为生产部自定奖罚是越权，而生产部则认为自己内部员工的奖罚当然应由自己决定，不然难以有效管理。这样，两个部门的协商也陷入了僵局。双方各执一词，难以达成统一。

如果两个部门的员工能够从全局利益出发，清楚地知道自己的工作对于企业整体目标的实现有怎样的意义，就不会将这样一件小事弄成不可调解的矛盾，从而影响整个企业的正常运转。

可见，领导者使每一位员工明确自己的工作对于整体目标的意义十分重要。在管理实施过程中，领导者要采取种种措施，使每一位员工都能够充分理解并支持企业的整体目标，以发挥所有员工的潜力，汇集企业所有员工的力量，为实现企业的整体目标而努力。当每一位员工都拥有全局观念并为企业整体利益而努力时，企业就拥有强大的凝聚力，从而能够持续发展。

一旦全体员工确立了全局观念，员工之间便会更容易建立信任和谅解的关系。当大家为同一个目标努力奋斗的时候，就能够焕发出集体观念和强大的工作热情，形成归属感和彼此认同感，每一位员工都会愿意为整体利益付出自己最大的努力。而且员工之间也能够互相帮助，团结协作。在这样一个充满信任和彼此认同的环境中工作，员工之间就会建立起最亲密的关系，即使工作中有了矛盾和分歧，大家也会为了整体利益尽力协调好。

团结协作的工作精神将使企业取得良性发展。团结协作还能够减少内耗，提高员工的工作效率。而且员工们会彼此交流工作经验和教训，这也有助于员工们提高工作技能。即使有人犯了错，大家也会帮助他发现问题和解决问题。当企业内部的问题凝聚了集体智慧时，问题的解决会变得非常快速有效。

在世界知名的戴尔电脑公司，领导者将全局观念灌输到了每一位员工的思维之中。他们鼓励自己的员工不断提出问题，并认真聆听意见。这使得他的团队成为了一个不断学习的团队。团队成员之间彼此信任，团结协作。戴尔还通过在全公司各部门间询问同样的问题，比较其结果的异同的方法来进行学习，这让每一位员工都能分享企业内部的集体智慧。如果某一小组在中型市场创下佳绩，他们的经验会被传播给全世界的分公司内的员工，而如果另一个小组掌握了在大型超市内进行销售的方法，他们的想法也会与整个企业内部的所有员工进行分享。这样的全局协作的观念，使戴尔的任何一位员工都认为自己是整体的一员，并最终使戴尔公司成为一个全球性的大公司。

在工作遇到问题时，戴尔的员工也知道自己并不是单打独斗。他自己是问题的一部分，也是为问题提供解决方案的一分子。他们可以向大家说：我们知道有一个问题，但是对于到底是怎么回事我们也不确定。他们可以要求协助，尤其是在这个问题牵涉较多时。而且他们确信自己会得到帮助，因为在全局观念的领导下，任何一个其他部门的员工都会向他们伸出援助之手，他们会互相信任而不是互相指责。正是在这种观念的领导下，戴尔才取得如此卓越的成绩。

员工具备全局观有助于协调各部门的矛盾，更好地应对市场环境中的种种变化，提高工作技能和工作效率，从而使整个企业取得和谐发展的强大动力。

和谐才能达到企业与员工的双赢

企业管理的各个方面都是围绕着人来进行的。只要有人存在的地方就必然存在着利益关系。管理必须满足各个利益相关者的需要，企业才能够得以生存发展。在传统的观念中，企业和员工的利益是相对立的。领导者会把员工当作分享企业利润的敌人，在这种管理理念下，企业与员工是雇佣与被雇佣的关系，员工只是企业的一颗螺丝钉，领导者可以随意对员工发号施令，员工必须服从。当时代发展到了今天，领导者已经越来越认识到在这个以服务为主导、信息密集、竞争激烈的时代，企业和员工的利益是一致的，因为个人的创造力、竞争力以及主动精神，才是现代企业竞争中最重要的资源。和谐管理就是为了达到企业和员工双赢目的，在这样的管理方式下，企业和员工的利益是一致的。

领导者正视了员工在企业中的重要作用之后，就会突破那种把人当作企业的赚钱工具的观念，从而更好地发现人，将员工看作是企业的合作伙伴。毋庸置疑，合作伙伴的利益与企业的利益自然是一致的。

当领导者致力于和员工建立良好的合作伙伴关系时，员工就成为了企业重要的、不可或缺的人。企业不会轻易解雇员工，而且会创造出最适合员工发展的工作环境，领导者会重视员工，关心员工的利益，满足员工多方面的需要，从而使员工感受到尊重，并充分调动员工的积极性和创造性。

反过来，员工感受到自己被当作企业的一个合作伙伴来对待，就会产生归属感和集体荣誉感，也会负起自己作为一个“合作伙伴”的责任来，积极主动去工作，为企业的发展献力献策，工作效率也会提高，从而为企业创造更大的价值。

麦肯锡曾对数千名经理人做过一个调查，想了解这些企业精英们的离职原因。结果发现，这些人离职的前三大原因是：工作和成绩得不到公司充分的认同和肯定；在公司里得不到充分的沟通和信息；在公司里或所在的岗位上没有发展的机会。

可见，人的需求并不仅仅体现在物质方面，领导者仅仅把人当作一个追求物质财富、分享企业利润的“经济人”的这种观点是片面的。当人们满足了基本的物质需要之后，就会有被尊重的需要和实现自我价值的需要。而领导者一旦把员工看作是合作伙伴，就会将人作为企业中的第一位因素来对待，将人的主观能动性发挥到最大。这一点在福特汽车的兴与衰上体现得十分明显。

亨利·福特是美国汽车业的一面旗帜，可以说，福特改变了美国人民的生活方式，他是美国人民的英雄，被誉为“20世纪最伟大的企业家”。但福特在管理上的独断专行和他与员工之间的对立状态，却使得他的企业惨遭滑铁卢。

在福特的观念里，员工无异于商品，对于不服从命令的员工可以随时扔掉，反正只要出钱随时能够再“买进”新的员工。从1889年开始，福特曾经两次尝试创办汽车公司，但最终都因为管理不善而失败。1903年，福特与其他人合作创办了美国福特汽车公司，后来，他聘请了管理专家詹姆斯·库兹恩斯出任经理。在詹姆斯的非凡管理下，1908年，独霸天下的福特T型车诞生了。随后，T型车极其迅速地占领了汽车市场，而福特汽车公司也一举登上了世界汽车行业第一霸主的宝座。

成功和荣誉让福特变得更加独断专行，他认为自己的所有员工都只是花钱雇来的，所以员工必须绝对服从自己，否则就只能离开。直到20世纪20年代，福特公司在长达19年的时间里，只向市场提供单一型号、单一色彩的T型车。他的销售人员多次提出增加汽车的外观色彩，但福特的回答是："顾客要什么颜色都可以，只要它是黑色的。"因为不愿改动自己的汽车设计去适应市场需求，福特公司就这样停止了前进的脚步。因为福特听不进不同的意见，员工纷纷离职，最后连库兹恩斯也只得另觅他处。在1928年，福特公司的市场占有率被它的对手通用汽车公司超越。亨利·福特为他的独断专行付出了巨大的代价。

在亨利·福特晚年时，福特汽车公司已经风雨飘摇。他的孙子从祖父的手里接过了掌管公司的任务。为了挽救这个摇摇欲坠的公司，福特二世聘用了一大批杰出的管理人才，如原通用汽车公司副总经理内斯特·布里奇、后来担任过美国国防部长的麦克纳马拉等。福特公司在这些人的大力改革下重新焕发了生机。"福特王国"又一次迎来了它的事业顶峰。

但是，福特家族固执的血液又一次发作，福特二世继承了老福特的独断专行，他开始嫉贤妒能，为福特的再次辉煌立下功劳的布里奇、麦克纳马拉等人纷纷离开公司。福特二世还接连解雇了三位和他意见不合、功勋卓著的总经理。失去了人才的福特公司再次开始败落，最后只得把整个公司的经营权转让给了福特家族以外的人。

如果员工只是被当作商品，当作用工资雇来的打工者，那他们自然没有义务和公司同发展共命运。当员工不被尊重的时候，他们自然没有积极性，企业也不会取得好的发展。在独断专行的企业环境中，员工更倾向于消极抵抗，甚至是掉头而去，而不是努力去执行领导者的命令。

与员工建立良好的合作伙伴关系的企业则不同，在这样的企业里，员工得到了极大的尊重，他们的工作积极性也充分地发挥了出来，从而为企业创造出更大的价值。名列世界500强企业第42位的惠普公司的管理之所以优秀，靠的就是这一点。

在惠普，对人的重视是公司管理中最重要的一个方面。惠普采用了开放式的管理。在惠普成立的18年间，公司没有设立专门的人事部门，以便领导者和员工之间保持高度的接近和联系。直到1957年，惠普成立了人事管理处，但是惠普的创建者比尔·休利特为它慎重地确定了角色和职能——它是只用来支援管理工作，而不是替代。

在惠普没有一间办公室是装有门的，包括首席执行官在内。在公司里，所有的人都以名字相称，而不是称呼头衔。公司鼓励员工用最简单和直接的方式进行沟通交流。员工在遇到任何问题时，都可以找到领导者进行沟通交流。公司的实验室备品库是不上锁的，工程师不仅可以在工作中随意使用这些备品，甚至可以把它们拿到家里去供个人使用，这样的充分信任使得公司成为大家共同的家。

1976年惠普在波布林根工厂实行了弹性工作制，现在这样的工作方法已经在惠普的大部分工作岗位上广泛使用。公司里没有时间表，不进行考勤。惠普人事政策的主要原则是利益分享。员工和领导者一起分担制定和达到目标的责任，通过股票购买计划分享公司所有权，分享利润，分享个人与专业发展的机会，甚至分担因营业额下降所引起的麻烦。

在这样的管理方式下，企业对员工充分信任，和员工以合作伙伴的关系共同发展，所以，员工也以同样的信任回报了企业，和企业同甘共苦。在利益一致的基础上，企业和员工的利益都在同步提高，从而达到了双赢的目的。

同时，领导者为员工提供了一个发挥自己才能和智慧的舞台，任由员工尽情挥洒自己的才干，在这个意义上，可以说是“企业搭台，员工唱戏”。在企业提供的良好工作环境、薪金待遇以及发展空间下，员工可以使个人的价值得到最大限度的体现。当企业为员工提供了最能发挥其潜力的位置时，员工也可以得到最好的个人发展空间。这样，对领导者怀着知遇之恩的员工自然会发挥出最大的能动性。

惠普公司就声明要给顾客提供最好的服务：客户总是希望惠普的产品和服务具备最高水准，同时希望所获价值亦能持续长久。为满足客户要求，所有惠普人，尤其是经理人员必须率先积极热情、加倍努力地工作。

同时，他们的管理理念中仍旧声明了员工的重要性：“我们面对任何情况都坚信——只要给予员工适当的手段和支持，他们就会愿意努力工作并一定会做得很好。我们吸纳那些能力超卓、个性迥异及富于创新的人加入惠普，我们承认他们对公司所做的努力和贡献。惠普人积极奉献，并能分享其通过努力所获得的成功。”

一个企业的领导者时时为员工的成功感到欣慰的时候，同样是员工对领导者的回报在一天天增加的时候。企业和员工是合作伙伴关系，合作伙伴的成功就昭示着企业的成功。即使是员工的高薪也不会剥夺企业的利润，因为企业成本增加的同时，它的利润更是在快速增长。

日本著名企业索尼公司从二战后一家仅有20人的小作坊一跃而成为今天年销售额达到300亿美元的大型跨国公司，与它依靠科技、不断创新的理念是分不开的。但索尼的创始人盛田昭夫深深地知道，不管企业有怎样的创新都离不开员工的贡献。索尼有一个政策，不论身在何处，什么职位，只要是索尼的员工，就是大家庭中不可分割的一分子。

在索尼，员工和领导者之间相处融洽，亲如一家。不管是管理人员还是普通工人，都穿同样的工作服，在同一个食堂吃饭，都有权利对企业的工作提出自己的看法和建议。即使后来公司的规模扩大了，盛田昭夫也坚持与员工进行密切的接触。一次，盛田昭夫注意到一个小伙子闷闷不乐，就耐心地询问他。听说他是因为自己的意见得不到上司的注意而苦闷，盛田昭夫立即重视起来，他们发行了一份内部周刊，及时通报各部门的工作情况，并建立了内部职位流动的制度。

正是由于领导者重视员工的意见，员工的创新精神才得以充分发挥，使得索尼保持着同行业技术创新的先导地位。可见，和谐管理能够在员工和领导者之间建立良好的合作伙伴关系，使企业和员工成为一个利益共同体，从而实现企业和员工双赢的目的。